Nikolai Seifert

GOETHE FÜR JEDEN TAG

Gedanken und Ermutigungen

Faust.
“Allein bey meinem langen Bart
Fehlt mir die leichte Lebensart.
Es wird mir der Versuch nicht glücken;
Ich wusste nie mich in die Welt zu schicken,
Vor andern fühl` ich mich so klein;
Ich werde stets verlegen seyn.”

Mephistopheles.
“Mein guter Freund, das wird sich alles geben;
Sobald du dir vertraust, sobald weißt du zu leben.”

FAUST I, STUDIERZIMMER

Nikolai Seifert

Goethe für jeden Tag

Gedanken und Ermutigungen

DRUFFEL & VOWINCKEL-VERLAG
GILCHING

Internationale Standard-Buchnummer
ISBN 978-3-8061-1251-1

1. Auflage 2016

Talhofstr. 32
82205 Gilching

Satz und Layout: Michael Croon, Norderstapel
Fotos und Dokumente: Archiv des Verfassers und des Verlages
Umschlagentwurf: Michael Croon, Norderstapel
Gedruckt in der Europäischen Union

INHALTSVERZEICHNIS

ZU DIESEM BUCH

Eine lebendige Gesellschaft zeichnet sich durch ein Bewusstsein für Geschichte aus und hat nicht zuletzt die Aufgabe, sich ihrer Werte und Identität immer neu zu vergewissern. Vergangenheit ist dabei ein Konstrukt, welches sich spätere Generationen anhand von Texten, Bildern, Denkmälern usw. erschaffen. Für unsere Erinnerung und Kultur spielt die Literatur eine wichtige Rolle. Ihr wird die Fähigkeit zugeschrieben, Antworten auf allgemeinmenschliche und philosophische Fragen zu geben. So vor allem auch auf die Frage „was die Welt/ Im Innersten zusammenhält“ (Goethe, Faust I, V.).

Dieser Vers, zu einem geflügelten Wort geworden, stammt aus einem Werk, das Weltruhm erlangt hat: Der Faust gilt als bedeutendstes Werk Goethes, ja sogar der deutschen Literatur überhaupt. In ihm finden sich viele Ideen und Themenbereiche, viele wichtige Fragen, die unser Menschsein berühren. Das macht das Besondere des Dramas aus. Seinem Autor, dem als Dichterfürst verehrten Johann Wolfgang von Goethe (geboren am 28. August 1749 in Frankfurt am Main als Johann Wolfgang Goethe, gestorben am 22. März 1832 in Weimar, geadelt 1782), kommt innerhalb der deutschen Literatur für unser Land eine herausragende Rolle zu: Goethe war ein Universalgenie mit vielseitigen Kenntnissen auf nahezu allen Gebieten der Wissenschaften, der selber forschte, zu neuen Einsichten gelangte (vgl. seine Farbenlehre) und Werke der Weltliteratur erschaffen hat.

Im Sinne Platons, der einen Philosophen als jemanden charakterisiert, der die Wahrheit, das Schöne und das Gute liebt, begegnet uns Goethe in seinem Gesamtwerk und besonders in seinem Faust als Philosoph: Als Denker, der danach strebt, Antworten auf grundlegende Fragen über die Welt und den Menschen zu finden: über universale Gesetzmäßigkeiten, die auf der Erde wirken; über die Frage, wie der Mensch Erkenntnisse über die Welt gewinnen kann; über die Frage nach dem Sinn des Lebens; über die Frage, wie der Mensch moralisch gut handeln kann.

In diesem Buch lässt der Goethekenner und Naturarzt Nikolai Seifert über weite Teile Goethe selber zu Wort kommen. Gerade das macht einen wesentlichen Reiz dieses Buches aus. Durch seine Kommentare bringt der Autor seinen Lesern die Ideenwelt des Dichters nahe und vermittelt einen Eindruck davon, wie viel praktische Lebensweisheit in Goethes Werk und insbesondere in seinem Faust steckt. Anhand von zahlreichen Beispielen aus unserem Lebensalltag wird deutlich, wie aktuell Goethe heute noch bzw. gerade heute ist. Denn seine Bücher vermitteln universelle Wahrheit, die zeitlos gültig ist. Der Autor eröffnet durch seinen originellen und anschaulichen Interpretationsversuch einen neuen Zugang zum Faust.

Jeder Leser wird hierbei auf seine Kosten kommen: Der Kunstliebhaber ebenso wie der an schöner Literatur und praktischer Philosophie Interessierte. Nikolai Seifert macht Mut, sich diesem oft als schwer zugänglich charakterisierten Werk zu nähern, regt zu eigenen, weiterführenden Gedanken an und macht Lust, sich in verschiedenen Lebensphasen immer wieder aufs Neue von Goethe und seinem Faust inspirieren zu lassen.

Für Johann Wolfgang von Goethe war auch das Zeichnen eine wichtige künstlerische Tätigkeit. Mehr als 4.800 Zeichnungen sind von ihm erhalten. Um den Lesern sein künstlerisches Schaffen auch auf diesem Gebiet nahe zu bringen, werden in dem vorliegenden Buch einige der schönsten Zeichnungen von Goethes Hand abgedruckt.

Goethes Arbeitszimmer

EINFÜHRUNG DES AUTORS

Der Autor möchte Goethe und insbesondere seinen Faust, in dem wir fast alle Aspekte unseres täglichen Lebens finden können, einem breiteren Publikum von der höchst praktischen Seite her zugänglich zu machen. Goethe ist nicht nur Dichter,

nicht nur Schriftsteller,
auch Zeichner,
auch Bergbauminister([1]),*
auch Verkehrsminister,
auch Kriegsminister,
auch Finanzminister,
auch Jurist,
auch Theaterdirektor,
auch Kultusminister,
auch Naturforscher,
auch Botaniker,
auch Zoologe.

Und nicht zuletzt auch ein Philosoph und zwar ein praktischer Philosoph – das heißt, er führt uns über die Realität des täglichen Lebens auf die kosmischen Gesetze hin. Zum Beispiel: "Wer Gutes will, der sei erst gut."

FAUST II, 1. AKT, SAAL DES THRONS

Was sind kosmische Gesetze? Darunter fallen zunächst alle Naturgesetze, wie zum Beispiel, dass ein Gegenstand durch die Anziehungskraft beim Loslassen zu Boden fällt oder dass ein Schiff im Wasser sein Gewicht verdrängt.

Es gibt aber auch Gesetze im seelisch-geistigen Bereich, die für unser Leben sehr wichtig sind:

1 (*) Die Minister von damals waren Leiter einer entsprechenden Kommission.

“Man sollte nicht Wasser predigen und selbst Wein trinken” oder “Was du dir selbst nicht angetan wissen willst, tue auch einem Anderen nicht an” oder “Wir verursachen unser Glück oder Unglück selbst.” – Es heißt auch nicht zufällig: “Jeder ist seines Glückes Schmied.”

Aus allen Werken Goethes spricht tiefe Weisheit zu uns, so dass wir ihn wohl am treffendsten als einen Weisen bezeichnen können. Ein kleines Beispiel:

Dämon

“Wie an dem Tag, der dich der Welt verliehen,
Die Sonne stand zum Grüße der Planeten,
Bist alsbald und fort und fort gediehen
Nach dem Gesetz, wonach du angetreten.
So musst du sein, dir kannst du nicht entfliehen,
So sagten schon Sibyllen, so Propheten,
Und keine Zeit und keine Macht zerstückelt
Geprägte Form, die lebend sich entwickelt.”

URWORTE, ORPHISCH

Diese “Geprägte Form, die lebend sich entwickelt”, ist die Seele des Menschen, über die wir noch sprechen werden.

Wie bereits erwähnt, finden wir in Goethes Faust fast alle Aspekte unseres täglichen Lebens:

- *juristische*
- *theologische*
- *medizinisch-naturheilkundliche*
- *staatspolitische*
- *wirtschaftliche*
- *militärische*
- *solche, die die Universitäten und insbesondere die Professoren betreffen*
- *solche, die die Seele des Dichters betreffen*

- ein Stück Schöpfungsgeschichte ist dort auch anzutreffen
- Aspekte der Beziehungen unter Männern
- Aspekte der Beziehungen Männer – Frauen
- die Bedeutung unserer Gefühle für uns
- die Bedeutung einer Art innerer Stimme für uns
- dass in jedem Bereich des Universums Ordnung herrscht
- Aspekte des Diesseits und des Jenseits
- dass man nicht den Moralapostel spielen sollte
- dass man sich nicht in fremde Angelegenheiten einmischen sollte
- dass man nicht grübeln sollte
usw.

Goethe hat an seinem Faust fast 60 Jahre seines Lebens gearbeitet, nämlich zwischen 1772 und 1831. Faust I ist 1806, Faust II 1831 vollendet worden.

Was Goethes Faust von vielen anderen Dramen unterscheidet, ist, dass wir hier nicht eine Haupt- bzw. Grundidee (sozusagen "die Moral von der Geschichte") haben, sondern sehr viele, mit denen wir uns beschäftigen werden.

Und diese sind in diesem Buch nichts anders als die Überschriften *zu den entsprechenden Zitaten bzw. deren Kommentare. Z. B. "Mephistopheles ist nicht der Teufel" oder "Die doppelte Moral" oder "Die Gretchen-Frage" usw. s. Inhaltsverzeichnis.*

Diese kleine Einführung wäre unvollständig, wenn nicht, wenigstens kurz, auf das Verhältnis zwischen Goethe und Schiller eingegangen würde.

Wie oben bereits erwähnt, führt uns Goethe über die Realität des täglichen Lebens auf die kosmischen Gesetze hin, während Schiller uns eine ideale Welt vorstellt.

Und Schillers Anstoß ist es zu verdanken, dass Goethe u. a. die Arbeit am Faust wiederaufgenommen hat, so dass Faust I, wie oben angegeben, 1806 vollendet worden ist:

“...Sie haben mir eine zweite Jugend verschafft und mich wieder zum Dichter gemacht, welcher zu sein ich so gut als aufgehört hatte...” *(Goethe an Schiller vom 6. Januar 1798)*

In diesem Buch wird eine direkte Goethe- bzw. Faustinterpretation versucht d. h. das, was sich unmittelbar aus den Textstellen ergibt.

Der Autor war bemüht, seine Kommentare zu den entsprechenden Zitaten durch möglichst viele Beispiele aus dem täglichen Leben zu untermauern. Die Kommentare des Autors und die Beispiele sind in kursiver Schrift gehalten, Goethes Aussagen in Normalschrift.

Die Zitate wurden aus Faust I und II (Bibliothek der Erstausgaben von DTV) entnommen. Dort ist die Orthographie identisch mit der Orthographie, die Goethe gebraucht hat.

In das Buch wurden einige von Goethe selbst angefertigte Zeichnungen eingearbeitet. Wie man im Bild weiter oben sieht, ist dort auch ein Zeichenständer als ständige Ausstattung seines Arbeitszimmers vorhanden.

ALLGEMEINES

Mephistopheles ist nicht der Teufel

Der Herr.
“Du darfst auch da nur frey erscheinen;
Ich habe deines gleichen nie gehaßt.
Von allen Geistern, die verneinen
Ist mir der Schalk am wenigsten zur Last.
Des Menschen Thätigkeit kann allzuleicht erschlaffen,
Er liebt sich bald die unbedingte Ruh;
Drum geb ich gern ihm den Gesellen zu,
Der reizt und wirkt, und muß, als Teufel, schaffen.”

FAUST I, PROLOG IM HIMMEL

Wie die obigen Zeilen zeigen, ist Mephistopheles nicht der Teufel (von der übergeordneten Macht Gott als der Schalk bezeichnet), obwohl er sich selbst als Teufel bezeichnet und auch vom Faust so bezeichnet wird. Vielmehr ist er eine Art Gegenspieler zu Faust. Denn auch viele Aussagen von ihm spiegeln die Aspekte unseres täglichen Lebens haargenau. Zum Beispiel:

“Grau, theurer Freund, ist alle Theorie,
Und grün des Lebens goldner Baum”

FAUST I, STUDIERZIMMER

Davon können auch noch heute viele Studenten ein Lied singen. Um ein Studium mit Erfolg abzuschließen, muss man sich in der Regel durch einen Berg von Theorie (die meistens keinen besonderen Nutzen aufweist) durcharbeiten. Nicht zufällig heißt es auch weiter:

"Seht anerkennend hier den Schüler kommen,
Entwachsen akademischen Ruthen."

FAUST II, 2. AKT, HOCHGEWÖLBTES, ENGES GOTHISCHES ZIMMER

Auch, dass des Menschen Tätigkeit allzu leicht erschlaffen kann, wissen wir alle aus eigener Erfahrung.

Ein personifizierter Teufel existiert nach Ansicht des Verfassers nicht. Vielmehr ist der Begriff "Teufel" u. a. ein Symbol für unsere Fehler:

"Er ist schon lang ins Fabelbuch geschrieben;
Allein die Menschen sind nichts besser dran,
Den Bösen sind sie los, die Bösen sind geblieben."

FAUST I, HEXENKÜCHE

Ein Stück Schöpfungsgeschichte

RAPHAEL.
"Die Sonne tönt nach alter Weise,
In Brudersphären Wettgesang,
Und ihre vorgeschriebne Reise
Vollendet sie mit Donnergang.
Ihr Anblick giebt den Engeln Stärke,
Wenn keiner sie ergründen mag,
Die unbegreiflich hohen Werke
Sind herrlich wie am ersten Tag."

GABRIEL.
"Und schnell und unbegreiflich schnelle
Dreht sich umher der Erde Pracht,
Es wechselt Paradieses-Helle
Mit tiefer schauervoller Nacht;
Es schäumt das Meer in breiten Flüssen
Am tiefen Grund der Felsen auf,
Und Fels und Meer wird fortgerissen
In ewig schnellem Sphärenlauf."

MICHAEL.
“Und Stürme brausen um die Wette
Vom Meer aufs Land vom Land aufs Meer,
Und bilden wüthend eine Kette
Der tiefsten Wirkung rings umher.
Da flammt ein blitzendes Verheeren
Dem Pfade vor des Donnerschlags.
Doch deine Boten Herr verehren
Das sanfte Wandeln deines Tags.”

FAUST I, PROLOG IM HIMMEL

“Ihre vorgeschriebene Reise” *bedeutet, dass die ganze Schöpfung, einschließlich unserer Sonne mit ihren Planeten nach einem wohl durchdachten Plan erschaffen worden ist.*

Ein zufälliger “Urknall”, welcher alles in die Wege geleitet hätte, ist unmöglich anzunehmen.

“Und schnell und unbegreiflich schnelle” *bedeutet, dass die Erde sich sehr schnell um ihre Achse dreht – bei einen Erdumfang von 40074 km am Äquator dreht sich dort jeder Punkt mit ca. 1669,75 km/Stunde, entsprechend ca. 27,82 km/Minute, entsprechend ca. 464 m/Sekunde.*

Also bewegen wir uns, wenn wir am Äquator stehen, mit der atemberaubenden Geschwindigkeit von ca. 464 Metern während einer Sekunde und wir merken nichts davon – die Luft und alles, “Fels und Meer… in ewig schnellem Sphärenlauf”, *bewegt sich mit.*

“Es wechselt Paradieses-Helle
Mit tiefer schauervoller Nacht.”
Diese Zeilen sind wie ein Gemälde, vor welchem wir stehen.

Die nächste Strophe beschreibt Naturgewalten:
"Und Stürme brausen um die Wette
Vom Meer aufs Land vom Land aufs Meer..."

Der Leser hat vielleicht ein stürmisches Meer an einem Felsenufer beobachtet – Wie die Wellen mit gewaltiger Wucht diesem Ufer zustreben und dann von diesem zurückgeworfen mit nicht geringerer Wucht sich den ankommenden entgegenstemmen.

Man sollte auch bedenken, dass die Bewegungen der Planeten um die Sonne und auch des Mondes um die Erde nicht allein durch die Anziehungskraft bewerkstelligt werden können. Sie sind im Rahmen der Schöpfung in ihre Bahnen gebracht worden und müssen auch in ihren Bahnen gehalten werden.
Würde man beispielweise den Mond allein der Anziehungskraft überlassen, so würde er der Erde immer näher und näher kommen, bis er sie trifft. Und genauso verhält es sich mit den Bewegungen der Planeten um die Sonne.

Die Erde bewegt sich um die Sonne mit
107208 km/Stunde,
entsprechend 1786 km/Minute,
entsprechend 29,78 km/Sekunde.

Und von dieser atemberaubenden Geschwindigkeit merken wir ebenfalls nichts.

Der Mond bewegt sich um die Erde mit
3672 km/Stunde,
entsprechend 61,2 km/Minute
entsprechend 1.02 km/Sekunde.

“Die unbegreiflich hohen Werke” *der Schöpfung können wir weder mit unseren Sinnen, noch mit unserem Verstand erfassen, wir können sie aber ahnen: Wie oben angegeben, dreht sich die Erde um ihre (geneigte) Achse im 24-Stunden-Rhythmus und gleichzeitig um die Sonne im Jahres-Rhythmus – diese Bewegungen müssen laufend kontrolliert und auch korrigiert werden. Während sich die Erde um die Sonne dreht, muss der Winkel (etwas mehr als 66°) ihrer geneigten Achse zur Ebene ihrer Bahn um die Sonne präzise eingehalten werden – sonst würden die Jahreszeiten durcheinander geraten.*

Gleichzeitig muss auch die Bewegung des Mondes um die Erde kontrolliert und korrigiert werden. Und nicht genug damit: Auch die Bewegungen der anderen Planeten samt ihrer Monde um die Sonne müssen ebenfalls laufend kontrolliert und korrigiert werden.

Hinzu kommen auch die Überwachung und Steuerung aller Vorgänge auf der Erdoberfläche, einschließlich Witterungsverhältnisse, wie auch die im Erdinneren.

Auch wenn z. B. ein Land von einem Erdbeben oder einer anderen Naturkatastrophe heimgesucht wird, muss man hier nach den Ursachen fragen.

Alle diese Vorgänge, schon allein die oben angegebene Drehung der Erde um ihre geneigte Achse und gleichzeitig ihre Drehung um die Sonne, können nicht von selbst erfolgen. Also sind sie unmöglich ohne das Eingreifen einer übergeordneten Macht.

Die erste Vorstellung des Drama-Helden Faust

Der Herr.
"Kennst du den Faust?"

Mephistopheles.
"Den Doctor?"

Der Herr.
"Meinen Knecht!"

Mephistipheles.
"Fürwahr! Er dient euch auf besondre Weise.
Nicht irdisch ist des Thoren Trank noch Speise.
Ihn treibt die Gährung in die Ferne,
Er ist sich seiner Tollheit halb bewusst;
Vom Himmel fordert er die schönsten Sterne,
Und von der Erde jede höchste Lust,
Und alle Näh und alle Ferne
Befriedigt nicht die tief bewegte Brust."

FAUST I, PROLOG IM HIMMEL

Auch der Autor hat nichts dagegen, wenn "vom Himmel die schönsten Sterne" *und* "von der Erde jede höchste Lust" *gefordert werden.*

Die letzten zwei Zeilen zeigen, dass ein seelisch fortgeschrittener Mensch durch die Unvollkommenheiten des irdischen Lebens niemals befriedigt werden kann.

Um an seiner eigenen seelischen Vervollkommnung zu arbeiten, um sein Streben nach Höherem zu befriedigen, wird Faust auch nicht müde, durch die "Gährung in die Ferne" *zu gehen.*

Tagaus tagein dasselbe Lied

Mephistopheles.
"Von Sonn und Welten weiß ich nichts zu sagen,
Ich sehe nur, wie sich die Menschen plagen.
Der kleine Gott der Welt ist stets von gleichem Schlag,
Und ist so wunderlich als wie am ersten Tag.
Ein wenig besser würd er leben,

Hättst du ihm nicht den Schein des Himmelslichts gegeben;
Er nennts Vernunft und brauchts allein
Nur thierischer als jedes Thier zu sein.
Er scheint mir mit Verlaub von Ew. Gnaden,
Wie eine der langbeinigen Cicaden,
Die immer fliegt und fliegend springt
Und gleich im Gras ihr altes Liedchen singt;
Und läg er nur noch immer in dem Grase!
In jedem Quark begräbt er seine Nase."

FAUST I, PROLOG IM HIMMEL

"Tagaus tagein dasselbe Lied" *ist sowohl im wörtlichen, wie auch im übertragenen Sinne zu verstehen:*

In einer Erzählung von Kurt Kusenberg, "Die Belagerung", wird geschildert, wie ein Belagerungssoldat, der tagaus tagein immer dasselbe Lieg sang, seine Kameraden fast um den Verstand brachte.

Und immer wieder sich in die gewohnten, fest eingefahrenen Bahnen zu begeben, ist im übertragenen Sinne so, wie "tagaus tagein dasselbe Lied" *zu singen.*

Beispielsweise soll es Leute geben, die immer die gleiche Sorte von Frühstücksbrötchen essen möchten und wehe, wenn sie mit einem anderen Angebot konfrontiert werden.

"In jedem Quark begräbt er seine Nase", *deutet daraufhin, dass sich manch einer dort einmischt, wo er sich nicht einmischen sollte. Über dieses Thema wird noch ausführlicher berichtet.*

Dass manche Menschen in der Tat "tierischer als jedes Thier" *sein können, kann der Leser mühelos fast täglich feststellen.*

Die Menschen sollen eigentlich glücklich sein, statt sich zu plagen, doch dieser Idealzustand wird auf der

Erde nur selten erreicht. Über dieses Thema wird im Buch noch berichtet.

Fehler sind oft unvermeidlich

Mephistopheles.
"Was wettet ihr? Den sollt ihr noch verlieren!
Wenn ihr mir die Erlaubniß gebt
Ihn meine Straße sacht zu führen."

Der Herr.
"So lang er auf der Erde lebt,
So lange sey dirs nicht verboten.
Es irrt der Mensch so lang er strebt."

FAUST I, PROLOG IM HIMMEL

Wir haben hier einen weiteren Hinweis, dass Mephistopheles nicht der Teufel ist. Und selbst wenn er es wäre, so wäre er der übergeordneten Macht, also Gott unterstellt.

"Es irrt der Mensch, so lang er strebt" *bedeutet, dass im Laufe der seelischen Fortentwicklung Fehler bzw. Irrtümer oft unvermeidlich sind. Sie haben den Sinn, dass wir daraus lernen, diese das nächste Mal nicht zu wiederholen.*

Man sollte sich auch durch solche Fehler bzw. Irrtümer der Vergangenheit nicht zu lange belasten oder Selbstvorwürfe machen.

Seelische Fortentwicklung heißt, dass beispielsweise ein Mozart sich sein Musiktalent im Laufe von Jahrtausenden erarbeitet hat. Es heißt auch nicht zufällig:
"Kein Meister fällt vom Himmel".

Die innere Führung im täglichen Leben

Der Herr.
“Nun gut, es sey dir überlassen!
Zieh diesen Geist von seinem Urquell ab,
Und führ ihn, kannst du ihn erfassen,
Auf deinem Wege mit herab,
Und steh beschämt, wenn du bekennen mußt:
Ein guter Mensch in seinem dunklen Drange,
Ist sich des rechten Weges wohl bewusst.”

FAUST I, PROLOG IM HIMMEL

Ein “guter Mensch” *zu sein bedeutet, ein seelisch fortgeschrittenerer Mensch zu sein. Und ein solcher spürt immer eine innere Führung, so dass er* “sich des rechten Weges wohl bewusst” *ist.*

“In seinem dunklen Drange” *wiederum bedeutet, dass diese innere Führung nicht immer ganz klar ist.*

Zusätzlich zeigen die obigen Zeilen, dass eine Versuchung erwünscht ist. Solche Versuchungen haben den Sinn, dass wir lernen, ihnen zu widerstehen – erst dann sind wir gegen Versuchungen immun.

Der Mensch hat neben seinem Körper auch eine Seele

Wie bereits angedeutet, hat der Mensch einerseits einen Körper, den wir alle sehen, andererseits aber auch eine Seele, die im Allgemeinen unsichtbar ist:

"Und so lang du das nicht hast,
Dieses stirb und werde!
Bist du nur ein trüber Gast
Auf der dunklen Erde"
WEST-ÖSTLICHER DIVAN, SELIGE SEHNSUCHT

Dieser Satz beinhaltet Goethes Auffassung, dass es nach dem Tod des physischen Körpers gleich in einem anderen Körper weitergehe.

Und ein Leben auf der Erde oder anderswo entspricht einem ganz bestimmten Abschnitt der seelisch-geistigen Entwicklung des Betreffenden.

Goethe selbst ist fest dieser Überzeugung gewesen:

"Ach du warst in abgelebten Zeiten
Meine Schwester oder meine Frau."
AUS EINEM GEDICHT GEWIDMET AN FRAU VON STEIN

Die Tatsache, dass der Mensch neben seinem Körper eine Seele hat, ist mit irdischen Mitteln nicht zu beweisen.

Man kann sich das aber begreiflich machen, etwa dadurch, dass Jesus Christus nach seinem Tode seinen Jüngern (wohl in einem feinstofflichen Körper) erschienen ist und mit ihnen kommuniziert hat oder man schaut sich zum Beispiel einen japanischen Film an und wird dadurch besonders berührt, was darauf hinweisen kann, dass man in einem früherem Leben dort gewesen ist (also die Seele in einem anderen Körper).

In diesem Zusammenhang sei auch noch angemerkt, dass Charakter, Intelligenz und Talente nicht vererbbar sind, sondern wie Goethe wusste, als Eigenschaften der Seele im Allgemeinen im Laufe von Jahrtausenden (von einem Leben zum anderen) erarbeitet werden müssen.

Die Seele des Dichters

Dichter.
“O sprich mir nicht von jener bunten Menge,
Bei deren Anblick uns der Geist entflieht.
Verhülle mir das wogende Gedränge,
Das wider Willen uns zum Strudel zieht.
Nein führe mich zur stillen Himmelsenge,
Wo nur dem Dichter reine Freude blüht;
Wo Lieb und Freundschaft unseres Herzens Segen
Mit Götterhand erschaffen und erpflegen.
Ach! Was in tiefer Brust uns da entsprungen,
Was sich die Lippe schüchtern vorgelallt,
Mißrhaten jetzt und jetzt vielleicht gelungen,
Verschlingt des wilden Augenblicks Gewalt.
Oft wenn es erst durch Jahre durchgedrungen
Erscheint es in vollendeter Gestalt.
Was glänzt ist für den Augenblick gebohren,
Das Aechte bleibt der Nachwelt unverloren.”

FAUST I, VORSPIEL AUF DEM THEATER

“Jene bunte Menge” *können wir vielleicht am besten in einem Fußballstadion erleben. Dort ist es so gut wie unmöglich, dass ein Dichter schöpferische Inspiration empfängt. Das bedeutet, dass ein Dichter für seine schöpferische Tätigkeit immer eine passende Umgebung braucht.*

Begibt sich eine fortgeschrittene Seele zu "jener bunten Menge", *so werden ihre seelische Qualitäten beeinträchtigt.*

Genau das meinen die Aussagen:

"Bey deren Anblick uns der Geist entflieht" *und*
"Verhülle mir das wogende Gedränge,
Das wider Willen uns zum Strudel zieht."

Die nächsten Zeilen schildern, wie ein dichterisches Werk entsteht – "mißrathen jetzt und jetzt vielleicht gelungen".

"Verschlingt des wilden Augenblicks Gewalt", *tritt ein, wenn sich der Dichter, wie oben erwähnt, in der unpassenden Umgebung befindet.*

Für ein dichterisches Werk ist der Zeitfaktor auch sehr wichtig: "Oft, wenn es erst durch Jahre durchgedrungen, Erscheint es in vollendeter Gestalt."

Goethe soll an seinem Faust, wie bereits angegeben, mit Unterbrechungen fast 60 Jahre seines Lebens gearbeitet haben.

"Was glänzt ist für den Augenblick gebohren" – *Nietzsche spricht in diesem Zusammenhang nicht zufällig von den "Sclaven der drei M" (Momente, Moden, Meinungen).*

Dazu einige Beispiele:

Die "politische Korrektheit" d. h. das Nicht-zu-tun-oder- denken-dürfen, wie die etablierten Parteien heute von den Bürgern fordern;

Die "entstellten" Inszenierungen von klassischen Schauspielen und Opern, auch von Goethes Faust;

die "entstellte" Kunst im Gegensatz zur klassischen Kunst;

die Entscheidungen der Politiker von heute, beispielsweise, dass Griechenland auf Dauer über Wasser gehalten werden muss;

das "Investment Banking" (über Banken abgewickelte Spekulationsgeschäfte);

der Euro, der vor allem von Deutschland gestützt und am Leben erhalten werden muss;

die amerikanische Diskothekenmusik;

die amerikanischen Kriminalfilme und andere amerikanische Filme, die man Tag für Tag auf fast allen Fernsehkanälen sehen kann;

der Gebrauch von unpassenden anglo-amerikanschen Fremdwörtern in der Sprache;

das Meiste, was uns die Werbung vorgaukelt, z.B. bezüglich gesundsschädlicher Konsumgüter.

Auf der anderen Seite gibt es aber im deutschen und europäischen Kultur-und Geistesleben ewig-unvergängliche Werte: "Das Aechte bleibt der Nachwelt unverloren".

Z. B. folgende:

Goethes Faust
Goethes Dichtung und Wahrheit
Goethes Wilhelm Meisters Lehr- und Wanderjahre
und viele andere Werke von Goethe.
Schillers Wallenstein
Schillers Die Jungfrau von Orleans
Schillers Gedicht Die Bürgschaft
Und auch viele andere Werke von Schiller
Homers Ilias und Odyssee
Virgils Aenaeis
Dantes Göttliche Komödie
Mozarts Zauberflöte
Beethovens 9. Symphonie
Wagners Lohengrin
Wagners Siegfried-Zyklus
und unzählige andere Werke.

Wie soll ein Schauspiel aussehen?

"So braucht sie denn die schönen Kräfte
Und treibt die dichtrischen Geschäfte,
Wie man ein Liebesabenteur treibt.
Zufällig naht man sich, man fühlt, man bleibt
Und nach und nach wird man verflochten;
Es wächst das Glück, dann wird es angefochten,
Man ist entzückt, nun kommt der Schmerz heran,
Und eh man sichs versieht ists eben ein Roman.
Laßt uns auch so ein Schauspiel geben!
Greift nur hinein ins volle Menschenleben!
Ein jeder lebts, nicht vielen ists bekannt,
Und wo ihrs packt, da ists interessant.
In bunten Bildern wenig Klarheit,
Viel Irrtum und ein Fünkchen Wahrheit,
So wird der beste Trank gebraut,

Der alle Welt erquickt und auferbaut.
Dann sammelt sich der Jugend schönste Blüte
Vor eurem Spiel und lauscht der Offenbarung,
Dann sauget jedes zärtliche Gemüthe
Aus eurem Werk sich melancholsche Nahrung;
Dann wird bald dies, bald jenes aufgeregt,
Ein jeder sieht, was er im Herzen trägt.
Noch sind sie gleich bereit zu weinen und zu lachen,
Sie ehren noch den Schwung, erfreuen sich am Schein;
Wer fertig ist, dem ist nicht recht zu machen,
Ein Werdender wird immer dankbar sein."

FAUST I, VORSPIEL AUF DEM THEATER

Ein Schauspiel soll das menschliche Leben widerspiegeln:

"Greift nur hinein ins volle Menschenleben!" *Und uns helfen, es besser zu meistern.*

Wir haben Tag für Tag verschiedenste Erlebnisse (man könnte sie auch als die "Schule des Tages" bezeichnen), deren Sinn uns aber meistens nicht bewusst wird – das meint die Zeile:

"Ein jeder lebts, nicht vielen ists bekannt."

An einer anderen Stelle soll Goethe dazu gesagt haben:

"Das tägliche Leben ist herrlicher als das wirksamste Buch".

Wenn wir beispielsweise über die Unordentlichkeit eines Gegenübers verärgert sind, so kann das die Bedeutung haben, dass wir selbst in einem anderen Bereich unordentlich sind.

Die Zeilen "Zufällig naht man sich ... nun kommt der Schmerz heran" *zeigen einen gewissen Mechanismus in den Beziehungen Männer-Frauen auf. Sie sind auch fast immer Bestandteil eines jedes Schauspiels oder Films. Käme der Schmerz nicht, so würden wir nichts daraus lernen, denn auch diese Beziehungen können als Lernprozesse zur seelischen Fortentwicklung betrachtet werden. Wenn beispielsweise der Schmerz dadurch zustande kommt, dass eine Frau erfährt, dass ihr Freund auch eine andere Freundin hat, so kann dieses Ereignis die Bedeutung für die Frau haben, dass sie nicht eifersüchtig sein sollte.*

Das "Fünkchen Wahrheit" *nicht nur im Schauspiel oder Film, sondern auch im Leben zu finden, ist u. a. unsere tagtägliche Aufgabe.*

"Ein jeder sieht, was er im Herzen trägt" *bedeutet, dass jeder nur das erkennen kann (oder auch nicht), was seiner seelisch-geistigen Entwicklungsstufe entspricht. So kann beispielsweise ein Dieb seine Tat durchaus für legitim halten.*

Die letzten beiden Zeilen:
"Wer fertig ist, dem ist nicht recht zu machen,
Ein Werdender wird immer dankbar sein."
bedeuten, dass ein "Werdender" *auch (sogar sehr viel) von einem Lehrer lernen kann, der nicht alles weiß. Sinngemäß wird dieser Werdende auch von einem Schauspiel profitieren, das nicht ganz perfekt ist.*

Ein Dichter, welcher fleht, seine Jugend zurückzubekommen

"So gieb mir auch die Zeiten wieder,
Da ich noch selbst im Werden war,
Da sich ein Quell gedrängter Lieder
Ununterbrochen neu gebar,
Da Nebel mir die Welt verhüllten,

Die Knospe Wunder noch versprach,
Da ich die tausend Blumen brach,
Die alle Thäler reichlich füllten.
Ich hatte nichts und doch genug,
Den Drang nach Wahrheit und die Lust am Trug.
Gieb ungebändigt jene Triebe,
Das tiefe schmerzensvolle Glück,
Des Hasses Kraft, die Macht der Liebe,
Gieb meine Jügend mir zurück!

FAUST I, VORSPIEL AUF DEM THEATER

Wenn man seine "Jügend" *zurückhaben will, so muss man sich selbst darum bemühen. Das ist zwar im Allgemeinen nicht leicht, jedoch möglich. Man soll dabei tagtäglich verschiedene Maßnahmen ergreifen (u. a.):*

Tägliche oder fast tägliche Spaziergänge, auch Wanderungen in sauberer Luft;

Tägliche Entschlackung und Entgiftung;

Regelmäßige Durchführung verschiedener Bäder (u. a. Moor- und Schlickbäder);

Auf möglichst vollständige Auswertung der Nahrung achten.

Etwas ausführlicher über das Thema "Verjüngung" wird im Kap. 4 unter der Rubrik "Wie kann man seinen Körper verjüngen?" berichtet.

"Da Nebel mir die Welt verhüllten" *bedeutet, dass man durch seine Unerfahrenheit die Welt nicht so sieht, wie sie wirklich ist. Mit anderen Worten: Um zur Wahrheit, zur Wirklichkeit, in der Welt zu gelangen, soll man zwischen den Zeilen zu lesen versuchen. Bei Friedrich Schiller heißt es auch nicht zufällig*: "Und im Abgrund wohnt die Wahrheit".

SPRÜCHE DES KONFUZIUS

Das bedeutet, dass die Wahrheit nicht auf einem silbernen Tablett serviert wird, sondern Anstrengung und Mühe erfordert.

Dieses Zitat wird unter der Rubrik "Eine grundlegende Aussage über *die Theologie" etwas ausführlicher besprochen.*

Die Aussage "Den Drang nach Wahrheit und die Lust am Trug" *birgt scheinbar in sich einen Widerspruch: Gemeint ist hier, wenn man den Trug für wahr, gut und schön hält; wenn man beispielsweise, durch die ungewohnte Andersartigkeit beeindruckt, moderne Opern- und Schauspielinszenierungen für gut und schön hält.*

Gegenüberstellung Jung-Alt

"Der Jugend, guter Freund, bedarfst du allenfalls
Wenn dich in Schlachten Feinde drängen,
Wenn mit Gewalt an deinen Hals
Sich allerliebste Mädchen hängen,
Wenn fern des schnellen Laufes Kranz
Vom schwer erreichten Ziele winket,
Wenn nach dem heftgen Wirbeltanz
Die Nächte schmausend man vertrinket.
Doch ins bekannte Saitenspiel
Mit Muth und Anmuth einzugreifen,
Nach einem selbstgesteckten Ziel
Mit holdem Irren hinzuschweifen,
Das alte Herren ist eure Pflicht,
Und wir verehren euch darum nicht minder.
Das Alter macht nicht kindisch, wie man spricht,
Es findet uns nur noch als wahre Kinder."

FAUST I, VORSPIEL AUF DEM THEATER

Eigentlich sollen auch die Körper der "alten Herren" *gesundheitsmäßig genauso tadellos funktionieren wie die der jungen, so dass sie (wenn sie dazu Lust haben) genauso das alles zu tun im Stande sein sollten wie die jungen.*

Zusätzlich hätten sie dann noch den Vorteil der Lebenserfahrung, so dass sie gewisse Fehler, die junge Menschen oft tun (heute etwa: Diskothekenbesuche), nicht mehr tun würden.

Dass uns das Alter als "wahre Kinder" *findet, bedeutet, das alle – Kinder, Junge, Erwachsene und Alte – bezogen auf den Zeitpunkt ihrer Seelenerschaffung gleich alt sind und dass wir im Alter unvoreingenommen sind, was sehr positiv ist.*

Das "holde Irren" *kann sich durchaus auf das Entstehen eines künstlerischen Werkes beziehen, bei dem man am Anfang keinesfalls alle passenden Einfälle haben kann. Für diese passenden Einfälle bedarf es oft eines (auch langen) Reifungsprozesses.*

Die täglichen notwendig zu erledigenden Aufgaben nicht verschieben

"Director.
Der Worte sind genug gewechselt,
Laßt mich auch endlich Thaten sehn;
Indeß ihr Complimente drechselt,
Kann etwas nützliches geschehn.
Was hilft es viel von Stimmung reden?
Dem Zaudernden erscheint sie nie.
Gebt ihr euch einmal für Poeten,
So kommandirt die Poesie.
Euch ist bekannt was wir bedürfen,

Wir wollen stark Getränke schlürfen;
Nun braut mir unverzüglich dran!
Was heute nicht geschieht, ist morgen nicht gethan,
Und keinen Tag soll man verpassen,
Das Mögliche soll der Entschluß
Beherzt sogleich beym Schopfe fassen,
Er will es dann nicht fahren lassen,
Und wirket weiter, weil er muß."

FAUST I, VORSPIEL AUF DEM THEATER

Verschieben wir eine (egal ob im beruflichen oder privaten Bereich) wichtige Aufgabe, die wir an einem bestimmten Tag hätten erledigen sollen, so bringt diese Verschiebung meistens eine noch größere Verzögerung mit sich.

Haben wir uns beispielsweise vorgenommen, die besagte Aufgabe am nächsten Tag zu erledigen, so kann es passieren, dass wir sie auch am nächsten Tag durch unvorhergesehene Behinderungen nicht erledigen können.

U. a. ist dieses Nicht-Verschieben auch für Studenten sehr wichtig, damit sie nicht kurz vor der Prüfung oder dem Examen die Nächte durcharbeiten müssen.

Auf der anderen Seite aber sollten wir auch an einem bestimmten Tag nicht mehr tun, als wir tun sollen. Wieviel unser tagtägliches Pensum ist, sagt uns meistens ein ganz bestimmtes inneres Gefühl.

Auch wenn es darum geht, etwas Gedachtes oder Geplantes in die Tat umzusetzen, so sollten wir es, sofern möglich, sofort oder bald tun – andernfalls kommt es wieder zu Verzögerungen.

Ein Wissenschaftler verzweifelt über seine Wissenschaft

"Habe nun, ach! Philosophie,
Juristerey und Medicin,
Und leider auch Theologie,
Durchaus studiert, mit heißem Bemüh.
Da steh ich nun, ich armer Thor!
Und bin so klug als wie zuvor;
Heiße Magister, heiße Doctor gar,
Und ziehe schon an die zehen Jahr,
Herauf, herab und quer und krumm,
Meine Schüler an der Nase herum -
Und sehe, dass wir nichts wissen können!
Das will mir schier das Herz verbrennen.
Zwar bin ich gescheiter als alle die Laffen,
Doctoren, Magister, Schreiber und Pfaffen;
Mich plagen keine Scrupel noch Zweifel,
Fürchte mich weder vor Hölle noch Teufel -
Dafür ist mir alle Freud entrissen,
Bilde mir nicht ein, was rechts zu wissen,
Bilde mir nicht ein, ich könnte was lehren,
Die Menschen zu bessern und zu bekehren.
Auch hab ich weder Gut noch Geld,
Noch Ehr und Herrlichkeit der Welt.
Es möchte kein Hund so länger leben!
Drum hab ich mich der Magie ergeben,
Ob mir durch Geisteskraft und Mund
Nicht manch Geheimniß würde kund;
Daß ich nicht mehr mit saurem Schweiß,
Zu sagen brauche, was ich nicht weiß;
Daß ich erkenne, was die Welt
Im Innersten zusammenhält,
Schau alle Wirkenskraft und Samen,
Und thu nicht mehr in Worten kramen."

FAUST I, NACHT

Faust, ein angesehener Wissenschftler, der alle Wissenschaften seiner Zeit beherrscht, muss am Ende erkennen, dass dieses Wissen nicht wesentlich ist, dass dieses Wissen ihn nicht weiterbringt.

"Magister" *ist ein niederer,* "Doctor" *dagegen der höchste akademische Grad der mittelalterlichen Universität.*

Damals wie heute war es weder an den öffentlichen Schulen noch an den Universitäten leicht, neue, provozierende Erkenntnisse der Wissenschaft zu vermitteln:

"Bilde mir nicht ein, ich könnte was lehren
"Die Menschen zu bessern und zu bekehren."

Hierzu gibt uns die Geschichtsforschung zum 20. und 21. Jahrhundert viele Hinweise.

Mit der Wahrheit Geld zu verdienen ist nicht leicht:

"Auch hab ich weder Gut noch Geld,
Noch Ehr und Herrlichkeit der Welt"

Geht man beispielsweise wegen Kopfschmerzen zum Arzt, woraufhin der Arzt einen Spaziergang in sauberer Luft für ein Beratungshonorar von 10.- € empfiehlt, so sind die meisten weniger bereit, diese 10.- € zu bezahlen, als wenn der Arzt die "Sauerstoffmehrschritttherapie" (etwa 20 Sitzungen zu je 80.- €) für insgesamt 1600.- € anbietet.

Sauerstoff aus sauberer Luft (etwa in einem abgelegeneren Waldstück) zusammen mit Spurenelementen und körperfreundlichen Mikroorganismen ist für den Menschen eindeutig besser (und kostet nichts) als Sauerstoff aus der Sauerstoffflasche, doch die meisten würden sich für die letztere Möglichkeit entscheiden.

Auch für einen Lehrenden (etwa einen Professor an der Universität) kann es oft angebracht sein, wenn er zugibt, dass er etwas nicht weiß. Andernfalls redet man sich irgendwie heraus, was der Fragende oft auch spürt, während der Antwortende durch das schlechte Gewissen auch "sauren Schweiß" bekommen kann.

Der Autor selbst hat vor längerer Zeit einen Physikprofessor gefragt, wie die Sterne entstanden sind. Die Antwort lautete sinngemäß, dass sie von selbst, quasi durch den "Urknall" entstanden seien, und man konnte unterschwellig spüren, dass diese Antwort nicht korrekt war. Aus der Sicht des Autors heute wäre die korrekte Antwort, dass die Sterne einschließlich unserer Sonne samt Planeten nach einem wohldurchdachten Plan erschaffen worden sind.

"Daß ich erkenne, was die Welt
Im Innersten zusammenhält."

Diese Zeilen bezeichnen wiederum einen ganz bestimmten Wissensdrang: das Wesentliche zu erkennen. Ein solcher Wissensdrang kann als die seelisch-geistige Vorbereitung für die vielen Erfindungen und Entdeckungen im neunzehnten Jahrhundert angesehen werden, die den Weg zur industriellen Revolution geebnet haben.

Beispielsweise: Warum ist ein Hammer im Wasser leichter?

Was passiert, wenn elektrischer Strom fließt?

Warum strebt die Folge 1,1/2,1/3,1/4,1/5,1/6,1/7, 1/8,1/9,1/10, ... 1/1000, ... usw. gegen Null?

Wir sollten mehr praktizieren und weniger theoretisieren:

"Schau alle Wirkenskraft und Samen,
Und thu nicht mehr in Worten kramen."

Wenn man beispielsweise tanzen lernen will, so sollte man auch bald anfangen zu tanzen, nachdem man die Schritte gesehen hat. Durch die darauffolgenden Fehler weiß man dann oft besser, wie man die Partnerin beim nächsten Tanz geschickter führen kann.

Auch sollte man, wenn man einen Tisch bauen will, auch bald anfangen ihn zu bauen. Durch die praktische Berührung mit der Materie kann man am besten erkennen, wie ein solcher Tisch aussehen soll.

Wenn man sich eine Physik- oder Mathematiklektion aneignen will, so sollte man versuchen, sich möglichst viel mit Bleistift und Papier zu veranschaulichen. Dann geht es im Allgemeinen besser vorwärts.

Wagner als Prototyp eines Gelehrten, für den das Anhäufen von Wissen (ob nützlich oder nicht) zu einem Selbstzweck geworden ist

Wagner.
"Verzeiht! Ich hör euch deklamieren;
Ihr last gewiss ein griechisch Trauerspiel?
In dieser Kunst möcht ich was profitieren,
Denn heut zu Tage wirkt das viel.
Ich hab es öfters rühmen hören,
Ein Komödiant könnt einen Pfarrer lehren."

Faust.
"Ja wenn der Pfarrer ein Komödiant ist;
Wie das denn wohl zu Zeiten kommen mag."

FAUST I, NACHT

"Declamieren" *bedeutet die Kunst, Gedichte ausdrucksvoll und mit Gefühl vorzutragen, welche, bezogen auf unsere Breiten, im antiken Griechenland entstanden ist. Diese Kunst ist im antiken Rom fortgeführt worden, wo ebenfalls zu vielen verschiedenen gesellschaftlichen Anlässen (sogar in den öffentlichen*

Bädern) extra dazu ausgebildete Sklaven aufgetreten sind, um Gedichte vorzutragen: u. a. aus der Ilias und der Odyssee von Homer, bis Rom in der Aenaeis von Virgil etwas Ebenbürtiges geschaffen hatte.

Ein Komödiant kann nur dann einen Pfarrer lehren, wenn sich der Pfarrer auf der seelisch-geistigen Entwicklungsstufe des Komödianten befindet.

Wagner.
"Ach! Wenn man so in sein Museum gebannt ist,
Und sieht die Welt kaum einen Feyertag,
Kaum durch ein Fernglas, nur von weiten,
Wie soll man sie durch Überredung leiten?"

Faust.
"Wenn ihrs nicht fühlt, ihr werdets nicht erjägen,
Wenn es nicht aus der Seele dringt,
Und mit urkäftigem Behagen
Die Herzen aller Hörer zwingt.
Sitzt ihr nur immer! leimt zusammen,
Braut ein Ragout von andrer Schmaus,
Und blast die kümmerlichen Flammen
Aus eurem Aschenhäufchen raus!
Bewundrung von Kindern und Affen,
Wenn euch darnach der Gaumen steht;
Doch werdet ihr nie Herz zu Herzen schaffen,
Wenn es euch nicht vom Herzen geht."

FAUST I, NACHT

"Museum" *bedeutet hier die Studierstube des Gelehrten.*

Und vom "Museum" *aus wird man die Welt, die man* "kaum einen Feyertag" *sieht, auch kaum* "durch Überredung leiten" können. *Um die Welt* "durch Überredung leiten" *zu können, muss man sich in die Welt begeben und sie direkt von ihrer praktischen Seite, insbesondere die Sorgen, Nöte und Probleme der Bürger kennenlernen.*

Die nächsten, vom Faust gesprochenen Zeilen zeigen uns, dass Gefühle für alle Lebensbereiche von größter Wichtigkeit sind. U. a. um die Welt "durch Überredung leiten" *zu können, muss man auch fühlen, was sie fühlt.*

Die letzten vom Faust gesprochenen Zeilen zeigen, dass man seine innere Überzeugung von sich aus und nicht über das Studium eines Buches im "Museum" *gewinnen kann.*

Wagner.
"Allein der Vortrag macht des Redners Glück;
Ich fühl es wohl, noch bin ich weit zurück."

Faust.
"Such er den redlichen Gewinn!
Sey er kein schellenlauter Thor!
Es trägt Verstand und rechter Sinn
Mit wenig Kunst sich selber vor;
Und wenns euch ernst ist was zu sagen,
Ists nötig Worten nachzujagen?
Ja eure Reden, die so blinkend sind,
In denen ihr der Menschheit Schnitzel kräuselt,
Sind unerquicklich wie der Nebelwind,
Der herbstlich durch die dürren Blätter säuselt."

FAUST I, NACHT

Den "redlichen Gewinn" *bedeutet hier offenbar, dass dieser Gewinn aus kosmischer Sicht, also im objektiven Sinne ein solcher ist. Und ein solcher Gewinn ist nicht unbedingt das, was die Gesellschaft oder die*

Öffentlichkeit für einen Gewinn halten. Beispielsweise ist die Musik eines Mozarts ein redlicher Gewinn, im Gegensatz zu jemandem, der minderwertige Diskothekenmusik "komponiert", *obgleich der letztere auch eine große gesellschaftliche Anerkennung genießen kann.*

Man sollte klar, unmissverständlich und direkt sprechen ("Es trägt Verstand...Mit wenig Kunst sich selber vor").

Man sollte auch nicht versuchen, Belangloses rhetorisch (also gekünstelt schönrednerisch) aufzupolieren ("Ja eure Reden...In denen ihr der Menschheit Schnitzel kräuselt").

Wagner.
"Ach Gott! Die Kunst ist lang;
Und kurz ist unser Leben.
Mir wird, bey meinem kritischen Bestreben,
Doch oft um Kopf und Busen bang.
Wie schwer sind nicht die Mittel zu erwerben,
Durch die man zu den Quellen steigt!
Und eh man nur den halben Weg erreicht,
Muß wohl ein armer Teufel sterben.

Faust.
"Das Pergament*[1], ist das der heilge Bronnen,
Woraus ein Trunk den Durst auf ewig stillt?
Erquickung hast du nicht gewonnen,
Wenn sie dir nicht aus eigner Seele quillt."

FAUST I, NACHT

"Die Kunst ist lang, das Leben kurz" *nach dem römischen Philosophen Seneca* ("ars longa, vita brevis*").*

1 *Bücher und Urkunden wurden in Deutschland vor der Papier-Herstellung (ab Ende des 14. Jh.) auf Pergament geschrieben.

"Zu den Quellen" *(lat.: "ad fonts") ist der Wahlspruch der Humanisten.*

Hier geht es um umfangreiches Buchwissen, das sich Wagner aneignen möchte. ("Das Pergament..woraus ein Trunk..").

Das bereits erwähnte Zitat von Goethe "Das tägliche Leben ist herrlicher als das wirksamste Buch" *bedeutet (ohne den Verdienst guter Bücher zu schmälern), dass wir aus dem täglichen Leben, also aus den Ereignissen um uns herum, mehr lernen können, als aus entsprechenden Büchern.*

Wagner.
"Verzeiht! Es ist ein groß Ergetzen,
Sich in den Geist der Zeiten zu versetzen;
Zu schauen, wie vor uns ein weiser Mann gedacht,
Und wie wirs dann zuletzt so herrlich weit gebracht."
Faust.
"O ja bis an die Sterne weit!
Mein Freund, die Zeiten der Vergangenheit
Sind uns ein Buch mit sieben Siegeln.
Was ihr den Geist der Zeiten heißt,
Das ist im Grund der Herren eigner Geist,
In dem die Zeiten sich bespiegeln.
Da ists dann wahrlich oft ein Jammer!
Man läuft euch bey dem ersten Blick davon.
Ein Kehrrichtfaß und eine Rumpelkammer,
Und höchstens eine Haupt- und Staatsaction,
Mit trefflichen pragmatischen Maximen,
Wie sie den Puppen wohl im Munde ziemen."

FAUST I, NACHT

"Die Zeiten der Vergangenheit" *sind uns in der Tat* "ein Buch mit sieben Siegeln". *Wenn wir uns beispielsweise in die Zeiten des antiken Griechenlands oder*

des antiken Roms versetzen möchten, so sind wir auf schriftliche Zeugnisse angewiesen, welche uns einen gewissen Eindruck vermitteln. Und dieser Eindruck (in unserem Geist) ist ein Abbild von dem, was damals wirklich gewesen ist.

Einen besseren Eindruck von den damaligen Verhältnissen können wir bekommen, wenn wir versuchen, die entsprechenden schriftlichen Zeugnisse *wortwörtlich zu übersetzen. Die alten Griechen beispielsweise haben sich nicht einfach mit* "du Sokrates", *sondern mit* "o Sokrates" *angesprochen, was Verehrung und Respekt für den anderen ausdrückt.*

Die wortwörtliche Übersetzung des obigen Zitats "ars longa, vita brevis" *lautet:* "Kunst lang, Leben kurz". *Das zeigt, dass die Römer viel lakonischer, also kürzer und wortkarger gewesen sind als wir.*

Und nun zu den "pragmatischen Maximen":
Eine solche von damals lautete, dass Mädchen als Jungfrauen heiraten sollten.

Eine andere, die auf das antike Rom zurückgeht, ist, dass es süß und ehrenvoll sei, für das Vaterland zu sterben (dulce et decorum est pro patria mori). Der große irische Dramatiker Bernard Shaw soll dazu gesagt haben, dass der Mensch bereit ist, sein Leben zu opfern, vorausgesetzt, es ist ihm nicht ganz klar warum. Den weiteren Kommentar dazu möchte der Autor dem Leser überlassen.

Eine besonders umstrittene pragmatische Maxime von heute ist die der "politischen Korrektheit", woraus sich weitere, nicht minder problematische ableiten: Dass die Brüsseler EU gut und fördernswert für Europa und für Deutschland sei;
Dass der Euro ebenfalls gut und unentbehrlich für Europa und Deutschland sei. Viele Fachleute sind sich einig: Je schneller der Euro und die Brüsseler EU verschwinden, desto besser ist es für Europa und für Deutschland. *Deutschland trägt die Hauptlast für den Euro und den Brüsseler Moloch.*

Die Aussage, der Euro sei "alternativlos", ist fragwürdig, da es in der Politik immer Alternativen geben muss.

Dass man auch zu diesen o. g. "pragmatischen Maximen" von heute getrost sagen kann, "Wie sie den Puppen wohl im Munde ziemen", *bedarf keiner weiteren Erläuterung.*

Wagner.
"Allein die Welt! Des Menschen Herz und Geist!
Möcht jeglicher doch was davon erkennen."

Faust.
“Ja was man so erkennen heißt!
Wer darf das Kind beim rechten Namen nennen?
Die wenigen, die was davon erkannt,
Die töricht gnug ihr volles Herz nicht wahrten,
Dem Pöbel ihr Gefühl, ihr Schauen offenbarten,
Hat man von je gekreuzigt und verbrannt.
Ich bitt euch Freund, es ist tief in der Nacht,
Wir müssens diesmal unterbrechen.”

FAUST I, NACHT

Es ist in der Tat auch heute nicht leicht, “das Kind beim rechten Namen” *zu nennen. Hier sei daran erinnert, wie etwa etablierte Parteien und Medien mit der Wahrheit umgehen.*

Wagner.
“Ich hätte gern nur immer fortgewacht,

Um so gelehrt mit euch mich zu besprechen.
Doch Morgen, als am ersten Ostertage,
Erlaubt mir ein und andre Frage.
Mit Eifer hab ich mich der Studien beflissen,
Zwar weiß ich viel, doch möcht ich alles wissen."

Faust. (allein)
"Wie nur dem Kopf nicht alle Hoffnung schwindet,
Der immerfort an schalem Zeuge klebt,
Mit gierger Hand nach Schätzen gräbt,
Und froh ist, wenn er Regenwürmer findet!"

FAUST I, NACHT

Die letzten drei Zeilen dieses Zitats sind wohl der beste Kommentar über einen Wissenschaftler, der Wissen (auch unnützes) zum Selbstzweck anhäufen will. Dazu gehören auch unnötige Verallgemeinerungen (Abstraktionen), wovon fast jeder Student ein Lied singen kann.

Auch heute gibt es noch viele Professoren im gesamten deutschsprachigen Raum, die "Wagner-Typen" sind.
Ganz nach dem Motto handelnd:
"Man sieht sich leicht an Wald und Feldern satt,
Des Vogels Fittig werd ich nie beneiden.
Wie anders tragen uns die Geistesfreuden,
Von Buch zu Buch, von Blatt zu Blatt!"

FAUST I, VOR DEM THOR

Es gibt auch heute viele Lehrbücher, die einem, selbst wenn sie auf ein einziges Gebiet beschränkt sind, so vorkommen, als ob sie ihre vielen, teils nicht zusammenhängenden Themen in einen Eimer geworfen haben, der dann, ausgeleert einem Haufen gleichend, dem Leser präsentiert wird.

Unsere tagtägliche Konfrontation mit Menschen oder Meinungen, die uns oft zu unserem Nachteil zu beeinflussen versuchen

"Berufe nicht die wohlbekannte Schaar,
Die, strömend, sich im Dunstkreis überbreitet,
Dem Menschen tausendfältige Gefahr,
Von allen Enden her bereitet.
Von Norden dringt der scharfe Geisterzahn
Auf dich herbey mit pfeilgespitzten Zungen;
Von Morgen ziehn, vertrocknend sie heran,
Und nähren sich von deinen Lungen;
Wenn sie der Mittag aus der Wüste schickt,
Die Glut auf Glut um deinen Scheitel häufen,
So bringt der West den Schwarm, der erst erquickt,
Um dich und Feld und Auen zu ersäufen.
Sie hören gern, zum Schaden froh gewandt,
Gehorchen gern, weil sie uns gern betrügen,
Sie stellen wie vom Himmel sich gesandt,
Und lispeln englisch, wenn sie lügen."

FAUST I, VOR DEM THOR

Unter der "wohlbekannte(n) Schaar" *sind* "Geister" *in symbolischer Bedeutung gemeint, die aus allen Himmelsrichtungen und zu allen möglichen Gelegenheiten auftreten, um uns zu unserem Nachteil zu beeinflussen.*

Diese Beeinflussungen können in Form verlockender Werbung aufteten, wo gewisse (oft scheinbare) Vorteile, großgeschrieben, sich an uns herandrängen, während die Nachteile (die durchaus gewaltig sein können) als Kleingedrucktes versteckt sind.

Auch ein höflicher Vertreter kann zu uns nach Hause kommen, um uns zu irgendeinen (unnützen) Vertrag mit möglichst langer Laufzeit zu verleiten.

Etliche Berichte der sogenannten "Qualitätsmedien" von heute präsentieren dem Leser oft Behauptungen, die der Nachdenkliche problemlos auf seinen Wahrheitsgehalt hin überprüfen kann.

Wie wir unsere Vorahnungen oft durch Verstandesargumente nicht beachten

Wagner.
....
"Was stehst da und blickst erstaunt hinaus?
Was kann dich in der Dämmrung so ergreifen?"
Faust.
"Siehst du den schwarzen Hund durch Saat und Stoppel streifen?"

Wagner.
"Ich sah ihn lange schon, nicht wichtig schien er mir."

Faust.
"Betracht ihn recht! Für was hältst du das Thier?"
Wagner.
"Für einen Pudel, der auf seine Weise
Sich auf die Spur des Herren plagt."

Faust.
"Bemerkst du, wie in weitem Schneckenkreise
Er um uns her und immer näher jagt?
Und irr ich nicht, so zieht ein Feuerstrudel
Auf seinen Pfaden hinterdrein."

Wagner.
"Ich sehe nichts als einen schwarzen Pudel,
Es mag bey euch wohl Augentäuschung seyn."

Faust.
"Mir scheint es, dass er magisch leise Schlingen,

Zu künft´gem Band, um unsre Füße zieht."

Wagner.
"Ich seh ihn ungewiß und furchtsam uns umspringen,
Weil er statt seines Herrn zwey Unbekannte sieht."

Faust.
"Der Kreis wird eng, schon ist er nah!"

Wagner.
"Du siehst! Ein Hund und kein Gespenst ist da.
Er knurrt und zweifelt, legt sich auf den Bauch,
Er wedelt. Alles Hundebrauch.

Faust.
"Geselle dich zu uns! Komm hier!"

Wagner.
"Es ist ein pudelnärrisch Thier.
Du stehest still, er wartet auf;
Du sprichst ihn an, er strebt an dir hinauf;
Verliere was, er wird es bringen,
Nach deinem Stock ins Wasser springen."

Faust.
"Du hast wohl recht, ich finde nicht die Spur
Von einem Geist, und alles ist Dressur."

FAUST I, VOR DEM THOR

Faustens Vorahnung und Betrachtung waren richtig, denn der Pudel hat sich später in Mephistopheles verwandet, mit dem er dann auch den Pakt geschlossen hat.

Zunächst hat er sich aber durch die Ausführungen Wagners doch beeinflussen lassen und seine (richtigen) Eindrücke vorerst vergessen.

Ein Gelehrter wie Wagner dagegen, der "sich leicht an Wald und Feldern satt" *sieht und den die Geistesfreuden* "von Buch zu Buch und von Blatt zu Blatt" *tragen, kann nicht so leicht das bemerken und erahnen, was Faust oben bemerkt und erahnt hat.*

Andererseits ist aber das, was Wagner damals tat, viel besser, als wenn man heute in ein Rockkonzert gehen oder etwa einen Hollywood-Krimi anschauen würde.

Faust konnte seine obige Feststellung auch nur deshalb machen, weil er alles ganz genau beobachtet hat, also im Augenblick gelebt hat, das heißt genau das getan hat, was die augenblickliche Situation erforderte.

Und uns entgeht Tag für Tag manches, wenn wir, weil wir oft in Gedanken anderswo sind, die Erfordernisse der augenblicklichen Situation übersehen.

Mit Verstandesargumenten werden wir oft konfrontiert: Beispielsweise hat jemand das Gefühl und das Bedürfnis gleich nach der beruflichen Arbeit einen Spaziergang in sauberer Luft zu machen. Er sagt sich jedoch "aber meine Familie wartet auf mich" und fährt gleich nach Hause, um dann festzustellen, dass seine Familie diese Zeit auch ohne ihn gut hinter sich gebracht hätte.

Oder einige Freunde sitzen zusammen und haben schon jeweils zwei Halbe Bier getrunken. Einer aus der Runde hat das Gefühl, dass an diesem Abend zwei Halbe reichen. Die anderen aber sagen zu ihm: "Das letzte Mal hast gut drei Halbe vertragen" und er lässt sich umstimmen.

KLEINE LEBENSREGELN - GROSS GESCHRIEBEN

Der Erste Kontakt Faust-Mephistopheles

Mephistopheles.
“Wozu der Lärm? Was steht dem Herrn zu Diensten?”

Faust.
“Das war also des Pudels Kern!
Ein fahrender Scolast? Der Casus macht mich lachen.”

Mephistopheles.
“Ich salutiere den gelehrten Herrn!
Ihr habt mich weidlich schwitzen machen.”

Faust.
“Wie nennst du dich?”

Mephistopheles.
“Die Frage scheint mir klein,
Für einen der das Wort so sehr verachtet,
Der weit entfernt von allem Schein,
Nur in der Wesen Tiefe trachtet.”

Faust.
“Bei euch, ihr Herrn, kann man das Wesen
Gewöhnlich aus dem Namen lesen,
Wo es sich allzudeutlich weist,
Wenn man euch Fliegengott, Verderber, Lügner heißt.
Nun gut wer bist du denn?”

Mephistopheles.
“Ein Theil von jener Kraft,
Die stets das Böse will und stets das Gute schafft.”

FAUST I, STUDIERZIMMER

"Schein" ist beispielsweise das, was uns meistens die Werbung vorgaukelt. Prüft man irgendein Werbeangebot genau, so wird man oft feststellen, dass es besser ist, keinen Gebrauch davon zu machen.

Die letzten beiden Zeilen zeigen uns, dass das sogenannte Böse im Dienst des Guten steht. Oft ist das Erleben etwas Bösen, etwas Negativen nötig, um das Positive besser erkennen bzw. um sich des Guten bewusst werden zu können.

In jedem Bereich des Universums herrscht Ordnung

Mephistopheles.
"Wir wollen wirklich uns besinnen,
Die nächsten Male mehr davon!
Dürft ich wohl diesmal mich entfernen?"
Faust.
"Ich sehe nicht warum du fragst.
Ich habe jetzt dich kennen lernen,
Besuche nun mich wie du magst.
Hier ist das Fenster, hier die Thüre,
Ein Rauchfang ist dir auch gewiss."

Mephistopheles.
"Gesteh ichs nur! Dass ich hinausspaziere
Verbietet mir ein kleines Hinderniß,
Der Drudenfuß auf eurer Schwelle -"

Faust.
"Das Pentagramma macht dir Pein?
Ey sage mir, du Sohn der Hölle,
Wenn das dich bannt, wie kamst denn herein?
Wie ward ein solcher Geist betrogen?"

Mephistopheles.
"Beschaut es recht! Es ist nicht gut gezogen;
Der eine Winkel, der nach außen zu,
Ist, wie du siehst, ein wenig offen."

Faust.
"Das hat der Zufall gut getroffen!
Und mein Gefangner wärst denn du?
Das ist von ohngefähr gelungen!"

Mephistopheles.
"Der Pudel merkte nichts als er hereingesprungen,
Die Sache sieht jetzt anders aus;
Der Teufel kann nicht aus dem Haus."

Faust.
"Doch warum gehst du nicht durchs Fenster?"

Mephisthopheles.
"s ist ein Gesetz der Teufel und Gespenster:
Wo sie hereingeschlüpft, da müssen sie hinaus.
Das erste steht uns frey, beim zweiten sind wir
Knechte."

Faust.
"Die Hölle selbst hat ihre Rechte?
Das find ich gut, da ließe sich ein Packt,
Und sicher wohl mit euch ihr Herren schließen?"
Mephistopheles.
"Was man verspricht, das sollst du rein genießen,
Dir wird davon nichts abgezwackt
Doch das ist nicht so kurz zu fassen,
Und wir besprechen das zunächst;
Doch jetzo bitt ich hoch und höchst,
Für diesesmal mich zu entlassen."

FAUST I, STUDIERZIMMER

Eine Hölle, wie etwa in Dantes "Göttliche Komödie" beschrieben, gibt es nach Ansicht des Autors nicht.

Andererseits aber existieren verschiedene Ecken in der dritten Welt, wo das Leben im Allgemeinen unter viel schwierigeren Bedingungen zu führen ist, so dass es durchaus zur Hölle werden kann.

Dies steht nicht in Widerspruch zu den kosmischen Gesetzen.

Man kann sagen, dass die Menschen, die dort geboren sind, diese verschärften Lebensbedingungen verdient haben. Mit anderen Worten: Sie sind nicht zufällig dort geboren, wie uns auch Goethe zeigt:

"Wie sich Verdienst und Glück verketten,
Das fällt den Thoren niemals ein."

FAUST II, 1. AKT, SAAL DER THRONS

Mit diesem Zitat werden wir uns am Ende des Buches noch ausführlicher beschäftigen.

Die Tatsache, dass Mephistopheles dort hinausgehen musste, wo er "hereingeschlüpft" *ist, zeigt, dass in jedem Bereich des Universums eine absolute Ordnung herrscht – also selbst wenn es eine Hölle gäbe, wäre dort jedes Ereignis den kosmischen Gesetzen unterworfen.*

Aus heutiger Sicht kann man feststellen, dass die gegenwärtigen Probleme der dritten Welt vorrangig von den Industrieländern verursacht wurden. Bevor nämlich die Europäer dorthinkamen, gab es weder Seuchen, noch Hungerkatastrophen, noch Überbevölkerung. Erst nachdem den Einheimischen die europäische Lebensweise (die für sich allein sowieso nicht der Weisheit letzter Schluss ist) aufgezwungen und ihre innere Ordnung zerstört wurde, sind diese Probleme dort entstanden.

Auch die vielfach zu beobachtende Auslagerung der Produktion von den Industrieländern in die dritte Welt verschärft die Probleme dort und kann das Leben zur

Hölle machen. In der Regel arbeiten dort die Einheimischen wie Sklaven, um gewissse Produkte preisgünstig herzustellen.

Andererseits aber entstehen für die Verbraucher in den Industrieländern dadurch keinesfalls immer Vorteile: Textilien aus Bangladesch oder Laptops aus China enthalten viel mehr giftige und giftigste Chemikalien, als wenn sie in den Industrieländern selbst hergestellt würden.

So könnte man etwas Neues beginnen

Faust.
“Es klopft? Herein! Wer will mich wieder plagen?”

Mephistopheles.
“Ich bins.

Faust.
“Herein!”

Mephistopheles.
“Du mußt es dreymal sagen.”

Faust.
“Herein denn!”

Mephistopheles.
“So gefällst du mir.
Wir werden hoff ich uns vertragen;
Denn dir die Grillen zu verjagen
Bin ich als edler Junker hier,
In rothem goldverbrämtem Kleide,
Das Mäntelchen von starrer Seide,
Die Hahnenfeder auf dem Hut,
Mit einem langen, spitzen Degen,

Und rathe nun dir, kurz und gut,
Dergleichen gleichfalls anzulegen;
Damit du, losgebunden, frey,
Erfahrest was das Leben sey."

FAUST I, STUDIERZIMMER

Damit einem die "Grillen" *verjagt werden, braucht man in der Regel die passende Gesellschaft, wobei es auch sein kann, dass irgendeine Gesellschaft besser ist als gar keine.*

Denn durch Frage und Antwort, eine unübertroffene philosophilsche (d. h. der Erkenntnis dienende) Methode der alten Griechen, wird einem schon manches klar, was man allein vielleicht nicht so leicht feststellen oder erkennen könnte.

Um etwas Neues zu beginnen und es mit Erfolg auszuführen, ist es wichtig, unbelastet von Ereignissen der Vergangenheit zu sein. Denn die Ereignisse der Vergangenheit haben meistens weder Einfluss noch Bedeutung für die Geschehnisse der Gegenwart.
Beispiel: Man fängt *mit einer neuen Arbeitsstelle an und ist gleichzeitig durch eine kaputtgegangene Beziehung belastet.*

Verträge sollen klar, deutlich und unmissverständlich geschlossen werden

Mephistopheles.
"Doch willst du, mit mir vereint,
Deine Schritte durchs Leben nehmen;
So will ich mich gern bequemen
Dein zu seyn, auf der Stelle.
Ich bin dein Geselle

Und, mach ich dirs recht,
Bin ich dein Diener, bin dein Knecht!"

Faust.
"Und was soll ich dagegen dir erfüllen?"

Mephistopheles.
"Dazu hast du noch eine lange Frist."

Faust.
"Nein nein! Der Teufel ist ein Egoist
Und thut nicht leicht um Gottes Willen
Was einem andern nützlich ist.
Sprich die Bedingung deutlich aus;
Ein solcher Diener bringt Gefahr ins Haus."

Mephistopheles.
"Ich will mich h i e r zu deinem Dienst verbinden,
Auf deinen Wink nicht rasten und nicht ruhn;
Wenn wir uns d r ü b e n wieder finden,
So sollst du mir das Gleiche tun."

FAUST I, STUDIERZIMMER

Mephistopheles versucht also zuerst, Faust die Gegenbedingung zu seinem angebotenen Dienst zu verschweigen.

Die Faustsche Antwort darauf, "Sprich die Bedingung deutlich aus", wäre auch heute allen wärmstens zu empfehlen, die einen Vertrag abschließen, um zu verhindern, dass sie nicht im nachhinein, also nachdem sie den Vertrag unterschrieben haben, böse überrascht werden.

Diese Faustsche Forderung ist eigentlich ein elementares Vertragsrecht, das zwar ein ganzes Bündel von Gesetzen über Verträge umfasst, in dem aber das Wesentliche fehlt, nämlich, dass Kleingedrucktes nicht in Verträge gehört.

Denn gerade durch das Kleingedruckte in den meisten Verträgen versucht die eine Vertragsseite (meistens eine Firma) bewusst, ganz wesentliche Tatsachen (sogar oft den Preis) zu vertuschen – in der Hoffnung, dass die andere Vertragsseite (meistens ein gewöhnlicher Bürger) den Vertrag unterschreibt, da Kleingedrucktes zu studieren oft eine Zumutung ist.

Die Juristen betrachten das eher als geringfügiges Problem. Aus ihrer Sicht ist es also gleichgültig, ob ein Vertrag in Groß- oder Kleidruck vorliegt, obgleich die Missverständnisse, die dadurch entstehen, viele (vermeidbare) Gerichtsprozesse verursachen.

Das Kleingedruckte stellt einen der vielen juristischen Mißstände dar, mit denen wir uns noch beschäftigen werden.

Verträge sollen also nicht in Kleindruck, sondern in Großdruck vorliegen und die wichtigen Passagen fett unterstrichen werden, doch diese allerelementarste Tatsache, kann (vielleicht absichtlich) weder von der Politik, noch von der Justiz in die Wege geleitet werden.

Das Leben auf der Erde ist noch immer in mancherlei Hinsicht sehr primitiv

"In jedem Kleide werd ich wohl die Pein
Des engen Erdelebens fühlen"
....
Was kann die Welt mir wohl gewähren?
Entbehren sollst du! Sollst entbehren!
Das ist der ewige Gesang,
Der jedem an die Ohren klingt,
Den, unser ganzes Leben lang,
Uns heiser jede Sunde singt."

FAUST I, STUDIERZIMMER

Es werden zwar heute keine Ketzer mehr verbrannt, doch was nützt uns die moderne Technik, wenn sie gesundheitsschädlich ist:

Beispielsweise werden Tiefgaragen als eine technische Errungenschaft gepriesen, doch sie sind nicht nur Abgas-Kloaken für sich, sondern können auch integrierte Treppenhäuser und Vorhallen (wie etwa "Schwarzwald-City" in Freiburg) mit Abgasen verseuchen.

Während man zur Goethe-Zeit in Pferdekutschen durch Europa reiste, gilt heute Fliegen als eine sehr erstrebenswerte Errungenschaft des 20. Jahrhunderts.

Aber es ist bekanntlich sehr ungesund: Nicht nur, dass man mit einem Ruck von einer Klimazone in die andere versetzt wird (mit fatalen Folgen für den Schlaf-Wach-Rhythmus) und man auf 10.000 Meter Höhe mit künstlichem Sauerstoff auskommen muss, sondern es werden auch Abgase aus den Triebwerken ins Flugzeuginnere geleitet (um die Klimaanlage zu bedienen)!!!

Goethe machte seine Italien-Reise mit der Kutsche, heute reisen wir mit dem Auto. Das ist wohl bequemer, doch nicht gesünder, und der Preis für die scheinbare Bequemlichkeit ist hoch: Die besondere Sitzhaltung, die man im Auto (bzw. in der Kutsche) einnehmen muss, ist zusammen mit den wegbedingten Erschütterungen für die Wirbelsäule besonders ungünstig.

Nicht nur, dass man selbst bei kürzeren Strecken eine ganze Ladung von Abgasen abbekommt. Die verschiedensten Kunstoffe, die die Autos heute haben, senden Chemikalien ins Autoinnere.

Durch den Abrieb der Reifen gehen weitere Tonnen von Chemikalien in die Luft, die u. a. auch Schwermetalle enthalten.

Hätte Goethe noch mit der Bahn fahren können, so hätte er ihr sicherlich den Vorzug vor einer Pferdekutsche gegeben. Bei einer Bahnfahrt kann man seine

Fahrzeit ganz anders nutzen als bei einer Autofahrt, bei der man ständig das Steuer halten und sich auf den Verkehr konzentrieren muss.

Es können andererseits aber durchaus Situationen vorkommen, etwa aus beruflichen Gründen, wo das Benutzen eines Autos durchaus nicht unangebracht sein kann.

Wie wir aus der Literatur wissen, hat man im frühen 18. Jahrhundert natürliche Reinigungsmittel verwendet, von denen Goethes Haushälterin natürlich Kenntnis hatte. Man benutze damals vorrangig Schmierseife und Wasser. Zur Gestaltung von Räumen nahm man natürliche Farben oder Tapeten, chemische Zusatzstoffe waren nicht bekannt. Heute hingegen werden vorwiegend Reinigungsmittel verschiedener Schattierungen mit Zusatzstoffen angeboten und gekauft.

Wir haben Helfer für den Haushalt, auf die man allerdings besser verzichten sollte: Reinigungsmittel verschiedenster Schattierungen, die meistens nicht nur Reinigungsstoffe, sondern sogar synthetische Aromastoffe enthalten, welche ganz besonders gesundheitsschädlich sind!!

Waschmittel, die ebenfalls eine Fülle von zusätzlichen Chemikalien einschließlich synthetischen Aromastoffen enthalten. Spülmittel enthalten ebenfalls synthetische Aromastoffe, die wir, sollten wir davon Gebrauch machen, täglich mitessen.

Kunststoffflaschen für Wasser oder Getränke gelten ebenfalls als sehr praktisch und fortschrittlich, doch sie enthalten u. a. Bisphenol A, Antimon und unzählige weitere Schadstoffe. Glasflaschen wären auf jeden *Fall die bessere Altenative.*

Aus dem oben Gesagten können verschiedene Entbehrungen, Unzulänglichkeiten und auch Krankheiten folgen, wenn wir nicht versuchen, die besseren Alternativen zu wählen.

Man sollte sich aber dennoch voll und ganz auf das Leben auf der Erde konzentrieren

"Das Drüben kann mich wenig kümmern,
Schlägst du erst diese Welt zu Trümmern,
Die andre mag darnach entstehn.
Aus dieser Erde quillen meine Freuden,
Und diese Sonne scheinet meinen Leiden;
Kann ich mich erst von ihnen scheiden,
Dann mag was will und kann geschehn.
Davon will ich nicht weiter hören,
Ob man auch künftig haßt und liebt,
Und ob es auch in jenen Sphären
Ein Oben oder Unten giebt."

FAUST I, STUDIERZIMMER

Da aus der Erde unsere Freuden "quillen" und die Sonne auf unsere Leiden scheint, so sollen wir versuchen, unsere Freuden zu vermehren und unsere Leiden entsprechend zu vermindern.

Und das ist trotz der auf vorigen Seiten beschriebenen irdischen Unzulänglichkeiten möglich. Je besser uns das gelingt, um so glücklicher sind wir. Und das Glücklichsein sollte auf jeden Fall eines unserer Lebensziele sein.

Und auch darum müssen wir uns, wenn wir es erreichen wollen, bemühen.
Und von diesem Bemühen, von der Gestaltung unseres Tagesablaufs, hängen unser Glück und Wohlbefinden ab.

Der Pakt zwischen Faust und Mephistopheles

Mephistopheles.
....
"Doch, guter Freund, die Zeit kommt auch heran
Wo wir was Guts in Ruhe schmausen mögen."

Faust.
"Werd ich beruhigt je mich auf ein Faulbett legen;
So sey es gleich um mich getan!
Kannst du mich schmeichelnd je belügen,
Daß ich mir selbst gefallen mag,
Kannst du mich mit Genuß betrügen;
Das sey für mich der letzte Tag!
Die Wette biet ich!"

Mephistopheles.
"Top!"

Faust.
"Und Schlag auf Schlag!
Werd ich zum Augenblicke sagen:
Verweile doch! Du bist so schön!
Dann magst du mich in Fesseln schlagen,
Dann will ich gern zu Grunde gehn!
Dann mag die Todtenglocke schallen,
Dann bist du deines Dienstes frey,
Die Uhr mag stehn, der Zeiger fallen,
Es sey die Zeit für mich vorbey!

Mephistopheles.
"Bedenk es wohl, wir werdens nicht vergessen."

Faust.
"Dazu hast du ein volles Recht;
Ich habe mich nicht freventlich vermessen.
Wie ich beharre bin ich Knecht,
Ob dein, was frag ich, oder wessen."

FAUST I, STUDIERZIMMER

Würde man sich tatsächlich "beruhigt je auf ein Faulbett legen" *bedeutete das den seelischen Tod.*

Da Faust in seiner seelischen Entwicklung (bei der es keinen Stillstand gibt) immer weiterstrebt, kann er mit dem Erreichten niemals so zufrieden sein, dass er "sich selbst gefallen mag". In diesem Sinne ist es zu verstehen, dass man nicht "zum Augenblicke sagen" sollte " Verweile doch! Du bist so schön!", sondern zum nächsten schönen Augenblick weitergehen sollte.

Billige Genüsse, wie etwa "wo wir was Guts in Ruhe schmausen mögen" *– um des Schmauses Willen, nicht um der Gesundheit Willen – wirken wie Betrug, da sie in einem solchen Fall die Gesundheit stören.*

Die letzte Aussage von Mephistopheles “Bedenk es wohl, wir werdens nicht vergessen” *bedeutet, dass man sich sehr wohl überlegen sollte, was man verspricht.*

Es ist oft nicht von Nachteil, eine Abmachung, wenn auch kurz, schriftlich zu bestätigen

Mephistopheles.
“Ich werde heute gleich, beym Doctorschmaus,
Als Diener, meine Pflicht erfüllen.
Nur eins! – um Lebens oder Sterbens willen,
Bitt ich mir ein Paar Zeilen aus.

Faust.
“Auch was geschriebnes forderst du Pedant?
Hast du noch keinen Mann, nicht Mannes-Wort gekannt?
Ists nicht genug, dass mein gesprochnes Wort
Auf ewig soll mit meinen Tagen schalten?
Rast nicht die Welt in allen Strömen fort,
Und mich soll ein Versprechen halten?
Doch dieser Wahn ist uns ins Herz gelegt,
Wer mag sich gern davon befreien?
Beglückt wer Treue rein im Busen trägt,
Kein Opfer wird ihn je gereuen!
Allein ein Pergament, beschrieben und beprägt,
Ist ein Gespenst von dem sich alle scheuen.
Das Wort erstirbt schon in der Feder,
Die Herrschaft führen Wachs und Leder.
Was willst du böser Geist von mir?
Erz, Marmor, Pergament, Papier?
Soll ich mit Griffel, Meißel, Feder schreiben?
Ich gebe jede Wahl dir frey.”

Mephistopheles.
“Wie magst du deine Rednerey
Nur gleich so hitzig übertreiben?
Ist doch ein jedes Blättchen gut.
Du unterzeichnest dich mit einem Tröpfchen Blut.”

Faust.
"Wenn dieß dir völlig Gnüge thut,
So mag es bei der Fratze bleiben."

Mephistopheles.
"Blut ist ein ganz besonderer Saft."

FAUST I, STUDIERZIMMER

Zwar sollten mündliche Abmachungen die gleiche Gültigkeit haben wie schriftliche, und prinzipiell gilt, wenn die ersteren klar sind, sind die letzteren nicht nötig.

Doch nicht zuletzt um eventuelle Missverständnisse aus dem Wege zu räumen, ist es oft vom Vorteil, wenn Abmachungen auch schriftlich festgehalten werden. Es heißt auch nicht zufällig weiter:

"Denn, was man schwarz auf weiß besitzt,
Kann man getrost nach Hause tragen."

FAUST I, STUDIERZIMMER

Solche schriftlichen Abmachungen sollen nicht zu umfangreich sein, sie müssen auch nichts Kleingedrucktes enthalten, eben nur das Wesentliche.

Unser Blut ist in der Tat ein ganz besonderer Saft – es enthält sehr viele verschiedene Bestandteile und es ist ein Schöpfungswunder, dass diese unzähligen Bestandteile nebeneinander existieren, ohne einander zu stören.

Man sollte in jeder Hinsicht konsequent sein

Faust.
“Nur keine Furcht, dass ich dieß Bündniß
breche!
Das Streben meiner ganzen Kraft
Ist grade das was ich verspreche.
Ich habe mich zu hoch gebläht,
In deinen Rang gehör ich nur.
Der große Geist hat mich verschmäht,
Vor mir verschließt sich die Natur.
Des Denkens Faden ist zerrissen,
Mir ekelt lange vor allem Wissen.
Laß in den Tiefen der Sinnlichkeit
Uns glühende Leidenschaften stillen!
In undurchdrungnen Zauberhüllen

Sey jedes Wunder gleich bereit!
Stürzen wir uns in das Rauschen der Zeit
Ins Rollen der Begebenheit!
Da mag denn Schmerz und Genuß,
Gelingen und Verdruß,
Mit einander wechseln wie es kann;
Nur rastlos betätigt sich der Mann.”

Mephistopheles.
“Euch ist kein Maß und Ziel gesetzt.
Beliebts euch überall zu naschen,
Im Fliehen etwas zu erhaschen;
Bekommts euch wohl was euch ergetzt.
Nur greift mir zu und seid nicht blöde!”
Faust.
“Du hörest ja, von Freud ist nicht die Rede.
Dem Taumel weih ich mich, dem schmerzlichsten
Genuß,
Verliebtem Haß, erquickendem Verdruß.

Mein Busen, der vom Wissensdrang geheilt ist,
Soll keinen Schmerzen künftig sich verschließen,
Und was der ganzen Menschheit zugetheilt ist,
Will ich in meinem innern Selbst genießen,
Mit meinem Geist das Höchst und Tiefste greifen,
Ihr Wohl und Weh auf meinen Busen häufen,
Und so mein eigen Selbst zu ihrem Selbst erweitern,
Und, wie sie selbst, am End auch ich zerscheitern."

FAUST I, STUDIERZIMMER

Vor Wissen, dass unwesentlich ist, kann es einem auch ekeln. Darüber wurde in diesem Buch bereits referiert.

Zum Leben auf der Erde gehört unumschränkt das Ausleben von Leidenschaften. Goethe selbst ist nicht davor zurückgeschreckt, und das macht ihn als einen "Menschen" wie jeder andere zu einem sehr guten Vorbild. Ob ein Verzicht auf das Ausleben von Leidenschaften, etwa als Mönch in einem Kloster, zu einem seelischen Gewinn führt, sei dahingestellt.

Man sollte Tag für Tag nicht müde werden, dem Leben das Höchste abzugewinnen:

"Stürzen wir uns in das Rauschen der Zeit
Ins Rollen der Begebenheit!"

"Schmerz *(auch im übertragenen Sinne) und* Genuß" *oder auch* "schmerzlichster Genuß" *können beispielsweise kommen, wenn jemand nach schön verlebter Zeit von seiner Freundin verlassen wird. Dabei kann auch* "verliebtem Haß"*entstehen.*

Es gehört zum Leben, dass eine Unternehmung sowohl gelingen als auch misslingen kann (Beispielweise wenn ein Arzt für ein bestimmtes gesundheitliches Problem das passende Naturheilmittel zu finden sucht). Im letzteren Fall entsteht Verdruss, der den Betreffen-

den aber nicht entmutigen sollte. Man sollte sich dabei fragen: "Warum ist mir das nicht gelungen"? Dann sollte man es immer wieder von Neuem versuchen und irgendwann kommt auch der Erfolg.

Ein *"erquickender Verdruß"* kann zu Stande kommen, wenn man gelernt hat, den Fehler, der zum Verdruß geführt hat, nicht zu wiederholen.

Um der Menschheit helfen zu können, muss man "ihr Wohl und Weh" *kennen lernen. Und das kann man nicht von der Studierstube aus, sondern nur durch praktische Erfahrung.*

Ein Schüler (eigentlich Student) möchte sich vor dem Studium beraten lassen

Schüler.
"Ich bin allhier erst kurze Zeit,
Und komme voll Ergebenheit,
Einen Mann zu sprechen und zu kennen,
Den alle mir mit Ehrfurcht nennen."

Mephistopheles.
"Eure Höflichkeit erfreut mich sehr!
Ihr seht einen Mann wie andre mehr.
Habt ihr euch sonst schon umgetan?"

Schüler.
"Ich bitt euch, nehmt euch meiner an!
Ich komme mit allem guten Muth,
Leidlichem Geld und frischem Blut;
Meine Mutter wollte mich kaum entfernen;
Möchte gern was rechts hieraußen lernen.

Mephistopheles.
"Da seid ihr eben recht am Ort."

Schüler.
"Aufrichtig, möchte schon wieder fort:
In diesen Mauern, diesen Hallen,
Will es mir keineswegs gefallen.
Es ist ein gar beschränkter Raum,
Man sieht nichts Grünes, keinen Baum,
Und in den Sälen, auf den Bänken,
Vergeht mir Hören, Sehen und Denken."

Mephistopheles.
"Das kommt nur auf Gewohnheit an.
So nimmt ein Kind der Mutter Brust
Nicht gleich im Anfang willig an,
Doch bald ernährt es sich mit Lust.
So wirds euch an der Weisheit Brüsten
Mit jedem Tage mehr gelüsten."

FAUST I, STUDIERZIMMER

Aus der scheinbar unbedeutenden Redewendung: "Ihr seht einen Mann wie andre mehr" *spricht Bescheidenheit, die nicht nur eine sehr gute seelische Eigenschaft, sondern auch eine ganz wichtige Voraussetzung für unsere Gesundheit ist, womit wir uns noch beschäftigen werden.*

"Meine Mutter wollte mich kaum entfernen" *bedeutet wiederum, dass seine Mutter ihn nicht loslassen wollte.*

Das Nicht-Loslassen-Wollen, auch bei einer Mutter-Sohn-Beziehung, ist wiederum nicht empfehlenswert, weil dadurch die eine Seite zu etwas gezwungen wird, was sie nicht unbedingt haben will und was für sie nicht unbedingt gut sein muss.

Der Autor hat einmal in einer psychosomatischen Klinik einen 46-jährigen Mann erlebt, der noch immer bei seiner Mutter lebte und dadurch logischerwei-

se psychosomatische Probleme hatte. So jemand kann dadurch zu einem Selbständigkeitskrüppel werden.

"Und in den Sälen auf den Bänken,
Vergeht mir Hören, Sehen und Denken." –

Davon können auch heute noch viele Studenten ein Lied singen. Die Hauptursache dafür ist das unnötige Theoretisieren, welches in fast allen Studienfächern stattfindet. Um das nachzuempfinden möge der Leser, wenn er die Möglichkeit dazu hat, eine abstrakte Algebra-Vorlesung besuchen, die im Rahmen eines Mathematikstudiums angeboten wird.

Und schließlich: Bis es so weit kommt und ob es so weit überhaupt kommt, dass es jemanden "an der Weisheit Brüsten mit jedem Tage mehr gelüsten" *wird, so könnte das ganze Studium vergehen.*

Auf eine klare Frage gehört auch eine klare Antwort

Mephistopheles.
"Erklärt euch, eh ihr weiter geht,
Was wählt ihr für eine Facultät?"

Schüler.
"Ich wünschte recht gelehrt zu werden,
Und möchte gern, was auf der Erden
Und in dem Himmel ist, erfassen,
Die Wissenschaft und die Natur."

Mephistopheles.
"Da seyd ihr auf der rechten Spur;
Doch müßt ihr euch nicht zerstreuen lassen."

Auf die Frage "Was wählt ihr für eine Facultät" *antwortet der Schüler unbestimmt, woraus man entneh-*

men kann, dass er offenbar selbst nicht weiss, was er studieren soll. Seine Antwort zeigt auch eine Zerstreuungsneigung, d. h. die Neigung, mit einem Studiengebiet anfangen und, ohne es zu Ende geführt zu haben, mit dem nächsten zu beginnen.

Es ist von größter Wichtigkeit für jede Art von zwischenmenschlichen Beziehungen, dass auf eine klare Frage auch eine klare Antwort folgt. Geschieht das nicht, so ist im Allgemeinen anzunehmen, dass die Gegenseite etwas verdecken oder vertuschen will. Unklare Antworten führen auch häufig zu Missverständnissen, ohne die wir besser und glücklicher leben würden.

Die Qualität unserer Zeit

Schüler.
"Ich bin dabey mit Seel und Leib;
Doch freylich würde mir behagen
Ein wenig Freyheit und Zeitvertreib,
An schönen Sommerfeiertagen."

Mephistopheles.
"Gebraucht der Zeit, sie geht so schnell von hinnen,
Doch Ordnung lehrt euch Zeit gewinnen.
Mein theurer Freund, ich rath euch drum
Zuerst Collegium Logicum.
Da wird der Geist euch wohl dressirt,
In spanische Stiefeln eingeschnürt,
Daß er bedächtiger so fort an
Hinschleiche die Gedankenbahn,
Und nicht etwa, die Kreuz und Quer,
Irlichterlire hin und her.
Dann lehret man euch manchen Tag,
Daß, was ihr sonst auf einen Schlag

Getriebenm, wie Essen und Trinken frey,
Eins! Zwey! Drey! dazu nötig sey."

FAUST I, STUDIERZIMMER

Etwas unüberlegt zu tun (etwa irgendein Fernsehprogramm anschauen oder im Bierzelt sitzen), bloß um sich die Zeit zu vertreiben, sollte man nicht, da vergeudete Zeit für immer verloren ist.

Ein anderes Zeitproblem tritt ein, wenn wir Sachen suchen und nicht gleich finden. Goethe soll auch gesagt haben: "Ordnung ist das halbe Leben". *Das bedeutet, dass wir die Hälfte unserer Lebenszeit mit Suchen von Gegenständen verlieren können, die wir nicht gleich finden. Das sagen uns die Zeilen:* "Doch Ordnung lehrt euch Zeit gewinnen."

"Collegium Logicum" *ist eine der Disziplinen an einer mittelalterlichen Universität, "Spanische Stiefel" sind Folterwerkzeuge, hier im übertragenen Sinne bedeutend, dass der Geist bzw. das Denken in bestimmte Bahnen eingezwängt wird.*

Darüber schreibt Goethe selbst: "In der Logik kam es mir wunderlich vor, dass ich diejenigen Geistesoperationen, die ich von der Jugend auf mit der größten Bequemlichkeit verrichtete, so auseinanderzerren, vereinzelen und gleichsam zerstören sollte, um den rechten Gebrauch derselben einzusehen. (Dichtung und Wahrheit, 6. Buch, Band 13, Seite 269)

Um ein Studium mit Erfolg zu absolvieren, sollte man sich auf ein Gebiet konzentrieren und es zielgerichtet betreiben, also nicht "irlichterlieren".

Nicht nur im Rahmen eines Studiums, sondern im tagtäglichen Leben ist es von größter Wichtigkeit, dass man Tätigeiten bzw. Verrichtungen nacheinander und nicht gleichzeitig zu erledigen versuchen sollte: beispielsweise telefonieren an einer Rezeption und gleichzeitig irgendwelche Eintragungen vornehmen. Das sagen uns die Zeilen:

"Daß, was ihr sonst auf einen Schlag
Getrieben, wie Essen und Trinken frey,
Eins! Zwey! Drey! Dazu nötig sey."

An einer Hochschule oder Universität kann man mit mannigfachsten Verständnisschwierigkeiten konfrontiert werden

Mephistopheles.
....
"Wer will was Lebendigs erkennen und beschreiben,
Sucht erst den Geist heraus zu treiben,
Dann hat er die Theile in seiner Hand,
Fehlt leider! Nur das geistige Band.
Encheiresin nature nennts die Chemie,
Spottet ihrer selbst und weißt nicht wie.

Schüler.
"Kann euch nicht eben ganz verstehen."

Mephistopheles.
"Das wird nächstens schon besser gehen,
Wenn ihr lernt alles reduciren
Und gehörig klassificiren."

Schüler.
"Mir wird von alle dem so dumm,
Als ging mir ein Mühlrad im Kopf herum."

Mephistopheles.
“Nachher vor allen andern Sachen
Müßt ihr euch an die Metaphysik machen!
Da seht, dass ihr tiefsinnig faßt,
Was in des Menschen Hirn nicht paßt;

Für was drein geht und nicht drein geht,
Ein prächtig Wort zu Diensten steht.
Doch vorerst dieses halbe Jahr
Nehmt ja der besten Ordnung wahr.
Fünf Stunden habt ihr jeden Tag;
Seyd drinnen mit dem Glockenschlag!
Habt euch vorher wohl präpariert,
Paragraphos wohl einstudirt,
Damit ihr nachher besser seht,
Daß er nichts sagt, als was im Buche steht;
Doch euch des Schreibens ja befleißt,
Als dictirt euch der Heilig Geist.”

FAUST I, STUDIERZIMMER

Ob jemand tatsächlich etwas Lebendiges erkennen und beschreiben kann, nachdem er den Geist herausgetrieben hat, sei dahingestellt.

"Encheiresin nature" *bedeutet "Handgriff der Natur", d. h. Verknüpfung der einzelnen Teile zu einem Ganzen dank einer mystischen Kraft. Es ist ein Beispiel für die vielen Fachbegriffe, mit denen ein Studienanfänger konfrontiert wird, so dass man die Verständnisschwierigkeiten des Schülers*

"Mir wird von alle dem so dumm,
Als ging mir ein Mühlrad im Kopf herum."
sehr gut nachvollziehen kann.

Trotz dieser Verständnisproblematik wird der Schüler noch aufgefordert, sich mit "Metaphysik" *(wörtlich jenseits der Physik oder jenseits der Natur) zu beschäftigen.*

Zentrale Fragen dieser philosophischen Disziplin sind solche wie "Hat der Mensch außerhalb seines Körpers auch eine Seele?"; "Gibt es einen Gott?";"Was ist der Sinn des Lebens?" *usw.*
Mit anderen Worten: Metaphysik ist die Lehre von dem, was sich hinter den Kullissen des Lebens abspielt.

Auch wenn man tagtäglich die Harmonie und die Schönheit sowie die Ordnung in der Natur beobachtet, kann man sich denken, dass dies unmöglich ohne das Zutun einer übergeordneten Macht geschehen kann.

Ob es dem Schüler angesichts dieser Verständnisschwierigkeiten gelingt, tiefsinnig zu fassen, "was in des Menschen Hirn nicht paßt" *ist zweifelhaft. Sein Verständnis für die Metaphysik wird auch dadurch nicht verbessert, indem:*

"Für was drein geht *(in seinen Kopf)* und nicht drein geht,
Ein prächtig Wort zu Diensten steht".

Eine gewisse Ordnung und Strukturierung des Studiums ist damals wie heute von größter Wichtigkeit. Durch Vorbereitung für die Lehrveranstaltungen:
"Habt euch vorher wohl präparirt,
Paragraphos wohl einstudirt."
kann man sich manch eine Schwierigkeit ersparen, doch da man als Student auch feiernd "die Nächte schmausend vertrinket", *wird oft erst vor der Prüfung ein Mammutlernpensum absolviert.*

Die Lehrbücher von damals sind in Paragraphen gegliedert gewesen.

Man sollte sich nicht abkapseln

Faust.
"Wohin soll es nun gehen?"

Mephistopheles.
"Wohin es dir gefällt.
Wir sehn die kleine, dann die große Welt.
Mit welcher Freude, welchem Nutzen,
Wirst du den Cursum durchschmarutzen!"

Faust.
"Allein bei meinem langen Bart
Fehlt mir die leichte Lebensart.
Es wird mir der Versuch nicht glücken;
Ich wußte nie mich in die Welt zu schicken,
Vor andern fühl` ich mich so klein;
Ich werde stets verlegen seyn."

Mephistopheles.
"Mein guter Freund, das wird sich alles geben;
Sobald du dir vertrautst, sobald weißt du zu leben."

FAUST I, STUDIERZIMMER

Die "kleine" *Welt ist die bürgerliche, die* "große" *die fürstlich-staatliche. Faust I behandelt in erster Linie die bürgerliche, Faust II u. a. die fürstlich-staatliche Welt (s. Faust II, 1.Akt, Saal des Throns).*

Wenn man sich für längere Zeit der tagtäglichen Realität nicht gestellt hat, wird man (zudem mit einem langen Bart) im Anfang teilweise große Schwierigkeiten haben, die man aber nicht als unüberwindbares Hindernis ansehen sollte.

Ob man weiss oder nicht weiss "sich in die Welt zu schicken", *auch wenn man sich vor den anderen*

"klein" *und* "verlegen" *fühlt – man sollte sich nicht entmutigen lassen und gerade dorthin gehen, wo man sich am kleinsten und am verlegendsten fühlt. Und nach Überwindung solcher ersten Anlaufschwierigkeiten wird man feststellen, dass man sich dann weniger* "klein" *oder* "verlegen" *fühlt. Man gewinnt dadurch auch Selbstvertrauen.*

Das eigene Selbstvertrauen wird auch besser, wenn man an der eigenen Gesundheit täglich arbeitet (s. Kap. 4. weiter unten) und dabei kleine Erfolge verzeichnet. Das sollte geschehen, auch wenn man sich gut fühlt. Man sollte nicht erst warten, bis man krank wird. Dadurch kann Krankheiten vorgebeugt und der Gesundheitszustand stets weiter verbessert werden.

Eine andere Möglichkeit zu mehr Selbstvertrauen ist, dass man grundsätzlich das tut, was man für richtig hält und nicht das, was die Gesellschaft oder die Umgebung von einem erwartet oder gar vorschreibt, insbesondere sollte man nicht "politisch korrekt" sein, wie die etablierten Parteien von den Bürgern fordern, sondern man sollte die Wahrheit suchen.

Diese obigen Verhaltensweisen stärken das Selbstvertrauen.

Frauen und Kunst

"Euren Beifall zu gewinnen
Schmückten wir uns diese Nacht,
Junge Florentinerinnen,
Folgten deutschen Hofes Pracht;
....
Niedlich sind wir anzuschauen,
Gärtnerinnen und galant;
Denn das Naturell der Frauen
Ist so nah mit Kunst verwandt."

FAUST II, 1.AKT, KAISERLICHE PFALZ

Frauen haben von Natur aus ein gutes künstlerisches Empfinden und können durch ihre gute Intuition sehr genau die wahre von der entstellten, degenerierten Kunst unterscheiden, sprechen aber diese Tatsache, u. a. um nicht unhöflich zu erscheinen, nicht immer deutlich aus.

Bei vielen bekannten Dichtern, Malern, Bildhauern, Komponisten haben Frauen als Quelle der Inspiration ihr Schaffen positiv beeinflusst – so bei Goethe Frau von Stein, bei Schiller seine Frau Charlotte, bei Rilke seine Freundin Lou Andreas-Salomé, bei Schumann seine Frau Clara usw.

Goethe war so vollkommen, dass er sich nahezu vollständig in die Denkweisen und Empfindungen der Frauen hineinversetzen konnte, vgl. z. B. das Kapitel

"Bekenntnisse einer schönen Seele" aus Wihelm Meisters Lehrjahre – wenn man dieses Kapitel liest, in dem eine Frau über ihre Bekenntnisse berichtet, hat man das Gefühl, dass eine Frau das geschrieben hat, obwohl es von Goethe selbst stammt. Genauso ist es im Dialog Gretchen – Faust oder in den Ausführungen von Marthe im Faust usw.

Zauber Magie Aberglaube

"Könnt` ich Magie von meinem Pfad entfernen,
Die Zaubersprüche ganz und gar verlernen,
Stünd` ich, Natur! Vor dir ein Mann allein,
Da wär`s der Mühe werth ein Mensch zu seyn.
Das war ich sonst, eh` ich`s im Düstern suchte,

Mit Frevelwort mich und die Welt verfluchte.
Nun ist die Luft von solchem Spuk so voll
Daß niemand weiß wie er ihn meiden soll.
Wenn auch Ein Tag uns klar vernünftig lacht,
In Traumgespinnst verwickelt uns die Nacht;
Wir kehren froh von jünger Flur zurück,
Ein Vogel krächzt, was krächzt er? Mißgeschick.
Von Aberglauben früh und spat umgarnt.
Es eignet sich, es zeigt sich an, es warnt.
Und so verschüchtert stehen wir allein;"

FAUST II, 5. AKT, MITTERNACHT

Man sollte sich weder mit Magie noch mit Zaubersprüchen beschäftigen, um etwa Geheimnisse, die sich hinter den Kulissen der Natur oder des Lebens befinden, zu ergründen versuchen. Das sagen uns die ersten zwei Zeilen des obigen Zitats. Es wurde auch bereits zitiert:

"Drum hab` ich mich der Magie ergeben,
Ob nicht durch Geisteskraft und Mund
Nicht manch Geheimniß würde kund;"

FAUST I, NACHT

Auch hier ist es eine Frage des Verdienstes, ob man gewissse Geheimnisse wissen darf oder nicht und wenn man diese nicht wissen darf, werden einem weder Magie noch Zaubersprüche helfen. Wenn man diese wissen darf, so werden dem Betreffenden die entsprechenden Hinweise kundgetan.

Grundsätzlich hängt die Frage, ob man etwas wissen darf oder nicht, u. a. von der seelisch-geistigen Entwicklungsstufe ab, auf der man sich befindet.

In einem anderen Zusammenhang hat der Autor bei einem Vortrag gehört, dass Wissenschaftler, die sich nur für ihr Fach, nicht aber für ihre seelische Entwicklung interessieren, in die Irre geleitet werden, was sehr einleuchtend ist.

Aberglaube ist ein weiteres Thema des obigen Zitats. Im Kap. 4 des Buches wird ausgeführt, dass Missgeschicke oder Krankheiten wir selbst verursachen und infolgedessen diese unmöglich etwa durch Vogelkrächzen oder schwarze Katzen zustande kommen. Ist man aber "Von Aberglauben früh und spat umgarnt", ist es nicht ganz leicht, sich davon zu befreien.

Es könnte aber sein, dass solche Zeichen wie Vogelkrächzen eine Art Warnung sind, etwas, was man vor hat, nicht zu tun – wie oben auch steht: "es zeigt sich an, es warnt."

Eine grundlegende Aussage über die Theologie

Schüler.
"Mein Abscheu wird durch euch vermehrt.
O glücklich der! Den ihr belehrt.
Fast möcht` ich nun Theologie studiren."
Mephistopheles.
"Ich wünschte nicht euch irre zu führen.
Was diese Wissenschaft betrifft,
Es ist so schwer den falschen Weg zu meiden,
Es liegt in ihr so viel verborgenes Gift,
Und von der Arzeney ists kaum zu unterscheiden.
Am besten ist`s auch hier wenn ihr nur Einen hört,
Und auf des Meisters Worte schwört."

FAUST I, STUDIERZIMMER

In der Tat ist es hier nicht leicht, "den falschen Weg zu meiden" *und Hand in Hand ist das* "verborgene Gift von der Arzeney kaum zu unterscheiden". *Schauen wir uns einige Aussagen der Kirchen bzw. der Bibel an:*

"Ich bin der Weg, die Wahrheit und das Leben", was Jesus *Christus gesagt haben soll (Joh 14-6), kann auch interpretiert werden* "Ich bin der Weg zur Wahrheit". *Dieser Weg kann aber unmöglich der alleinige Weg sein, denn sehr viele vor und auch sehr viele nach ihm sind zur Wahrheit gekommen:*

Zarathustra, der u. a. ausführt: "Gott ist Weisheit".

Aristoteles, griechischer Philosoph, sagt: "Wir sind nur deshalb auf die Welt gekommen, um nach höchster Tugend, Weisheit, Wahrheit, Liebe, Güte, Erkenntnis und Vollkommenheit zu streben". *Kürzer, klarer und besser kann man den Sinn des Lebens gar nicht zum Ausdruck bringen.*

Eine ähnliche Aussage über den Sinn des Lebens wäre eigentlich seitens der Kirchen zu erwarten, doch weit gefehlt.

Goethe und Schiller sind ebenfalls zur Wahrheit gekommen:

Goethe: "Das Sein ist ewig, denn Gesetze,
Bewahren die lebend`gen Schätze,
Aus welchen sich das All geschmückt."
(Aus dem Gedicht Vermächtnis)
Gemeint sind die kosmischen Gesetze, über die in der Einführung bereits berichtet wurde.

Schiller: "Nur Beharrung führt zum Ziel,
Nur die Fülle führt zur Klarheit,
Und im Abgrund wohnt die Wahrheit"

Das heißt, dass die Wahrheit oft "im Abgrund" *verborgen liegt. Das bedeutet nicht nur, dass wir danach suchen sollten, sondern auch, dass die Wahrheit zu begreifen auch kompliziert sein kann. Beispielsweise ist es einfacher zu verstehen, wenn man sagt, dass alles, was aus Amerika kommt, negativ ist. So ist es aber nicht wahr. In Wirklichkeit kommt von dort sehr viel Negatives, es gibt aber auch manches, was sogar sehr brauchbar ist, worauf noch Bezug genommen wird.*

Bismarck führt u. a. aus, dass die Kirchen sich nicht in die Politik einmischen sollen. Das ist nicht aus der Luft gegriffen, denn die Kirchen haben die Aufgabe, neutral und unparteiisch auf die kosmischen Gesetze hinzuweisen, welcher Aufgabe sie, nach Beobachtung des Verfassers, selten gerecht geworden sind. Und was tun die Kirchen sonst?

Es sollte nicht der Eindruck entstehen, als ob der Autor leugne, dass in der Bibel ewige Wahrheiten und Weisheiten stehen. Das sind u. a.:

Die Aussage "Lass die Toten ihre Toten begraben" *(Matthäus-8-22) – meint dabei die Toten in seelisch-geistiger Hinsicht.*

Das Buch der Weisheit aus dem alten Testament, besonders Kapitel 1-5 und 6-9 (Ausführungen von König Salomo).

"Wer von euch ohne Sünde ist, werfe als erster einen Stein auf sie" *(Johannes 8 – Jesus und die Ehebrecherin) Die Ausführungen in diesem Kapitel, dass die Ehebrecherin gesteinigt werden soll, stellen wiederum ein weiteres Beispiel dar, dass nicht alles, was in der Bibel steht, stimmen muss.*

Die Aussage "Liebe deinen Nächsten wie dich selbst" – *meint dabei den Nächsten in seelisch-geistiger Hinsicht. Wer damit nicht einverstanden ist, der probiere beides – sowohl Kontakte mit sympathischen wie mit unsympathischen Menschen.*

Denn Gefühle der Sympathie oder Antipathie werden uns vom Universum gegeben und zeigen uns, ob jemand als Nächster für uns geeignet ist oder nicht. Diese Aussage ist auch ein sehr gutes Beispiel dafür, dass das "verborgene Gift" *(der Nächste, der nicht zu uns passt) von* "der Arzeney" *(der Nächste in seelisch-geistiger Hinsicht) nicht leicht zu unterscheiden ist.*

"Du sollst nicht stehlen" (Moses 2-20-15).

"Du sollst gegen deinen Nächsten kein falsches Zeugnis abgeben" (Moses 2-20-16).

Soll man zur Beichte gehen oder nicht?

Faust.
"Mein schönes Fräulein, darf ich wagen,
Meinen Arm und Geleit Ihr anzutragen?

Margarete.
"Bin weder Fräulein, weder schön,
Kann ungeleitet nach Hause gehn."
.
.
.
Faust.
"Hör, du mußt mir die Dirne schaffen!"

Mephistopheles.
“Nun, welche?”

Faust.
“Sie ging just vorbey.”

Mephistopheles.
“Da die? Sie kam von ihrem Pfaffen,
Der sprach sie aller Sünden frey;
Ich schlich mich hart am Stuhl vorbei,
Es ist ein gar unschuldig Ding,
Das eben für nichts zur Beichte ging;
Über die hab` ich keine Gewalt!”

FAUST I, STRASSE

Ob man zur Beichte gehen soll oder nicht, ist eine grundsätzliche Entscheidung des Betreffenden, obgleich es für das Für und Wider durchaus objektive Argumente gibt (s. u.).

Grundlos oder aus Gewohnheit zur Beichte zu gehen, ist auf jeden Fall aus kosmischer Sicht falsch, denn man fühlt sich schuldig bzw. als Sünder, obwohl kein Grund dafür da ist. Mit anderen Worten: Man erzeugt dadurch in sich künstlich Schuldgefühle.

Grundsätzlich ist zur Beichte anzumerken, dass ein Priester nicht befugt ist, jemanden der Sünden frei zu sprechen: "Der sprach sie aller Sünden frey."
Das heißt, dass die Beichte an sich auf einer falschen Gedankenkonstruktion beruht. Diese Tatsache würde also dagegen sprechen, dass man zur Beichte geht.
Andererseits aber kann es auch sein, dass man durch die Beichte Verschiedenes dazulernen oder auch neue Erkenntnisse gewinnen kann. Insbesondere dass man gewisse "Sünden" *oder besser gesagt* "Fehler" *künftig nicht wiederholt.*
So kann nur der Betreffende allein entscheiden, ob es für ihn einen Sinn macht, zur Beichte zu gehen oder nicht.

Gravierend war der von der katholischen Kirche seinerzeit praktizierte "Sündenablass", *bei dem man gegen Geld seine* "Sünden" *loswerden konnte und wogegen Martin Luther, wenn auch nicht ohne Gefahr für sein Leben, mit Erfolg rebelliert hat.*

Die Gretchen-Frage

Margarete.
"Versprich mir Heinrich!"

Faust.
“Was ich kann!”

Margarete.
“Nun sag`, wie hast du`s mit der Religion?
Du bist ein herzlich guter Mann,
Allein ich glaub` du hälst nicht viel davon.”

Faust.
“Laß das, mein Kind! du fühlst, ich bin dir gut;
Für meine Lieben ließ` ich Leib und Blut,
Will niemand sein Gefühl und seine Kirche rauben.”

Margerete.
“Das ist nicht recht, man muß d`ran glauben!”

Faust.
“Muß man?”

Margarete.
“Ach! Wenn ich etwas auf dich könnte!
Du ehrst auch nicht die heil`gen Sacramente.”

Faust.
"Ich ehre sie."

Margarete.
"Doch ohne Verlangen.
Zur Messe, zur Beichte bist du lange nicht gegangen.
Glaubst du an Gott?"

Faust.
"Mein Liebchen, wer darf sagen,
Ich glaub` an Gott?
Magst Priester oder Weise fragen,
Und ihre Antwort scheint nur Spott
Ueber den Frager zu seyn."

Margarete.
"So glaubst nicht?"

Faust.
"Mißhör´ mich nicht du holdes Angesicht!
Wer darf ihn nennen?
Und wer bekennen:
Ich glaub` ihn.
Wer empfinden?
Und sich unterwinden
Zu sagen: ich glaub` ihn nicht?"

FAUST I, MARTENS GARTEN

Im Rahmen einer Beziehung sollte man die Gretchen-Frage gar nicht stellen, denn diese Frage stellt eine Beziehungsbedingung dar. Und je weniger Bedingungen die eine oder die andere Seite für ihre Beziehung stellen, desto harmonischer verläuft sie.

Inhaltlich beantwortet Faust die Gretchen-Frage mit "Will niemand sein Gefühl und seine Kirche rauben", *also ganz im Sinne Friedrichs des Großen, der gesagt haben soll: "Jeder soll nach seiner Art seelig werden". Und das ist die beste Voraussetzung für Beziehungen jeder Art.*

Doch Gretchen gibt sich damit nicht zufrieden und bohrt weiter: "Das ist nicht recht, man muß dran glauben".

Der Glaube kann aber unmöglich als eine Muss-Handlung erzwungen werden, sondern nur aus einer inneren Überzeugung heraus gewonnen werden, so dass der obige Satz einen Denkfehler darstellt.

Und Gretchen fährt fort mit den Vorwürfen "Du ehrst auch nicht die heilgen Sacramente" *;* " Zur Messe, zur Beichte bist du lange nicht gegangen", *die weitere Beziehungsbedingungen darstellen, mit denen man besser den Anderen gar nicht konfrontiert. Man sollte den Anderen auch nicht zu beeinflussen oder zu missionieren versuchen, wie das Gretchen gerne möchte* "Ach! wenn ich etwas auf dich könnte".

In diesem Zusammenhang sei kurz erwähnt, dass der Autor längere Zeit mit Buddhisten, Shintoisten, Moslems und Christen verschiedenster Schattierungen in Studentenwohnheimen gewohnt hat. Und uns war es egal, ob jemand betete, fastete, wanderte, meditierte, in die Kirche oder zur Beichte ging. Hauptsache war, keiner nötigte die anderen, das zu tun, was er selbst tat. Dieser Umstand gewährleistete ein harmonisches Zusammenleben.

Nach allen Erfahrungen mit religiöser Intoleranz in der Vergangenheit und der Gegenwart scheint es besser, sich mit einer guten philosophischen Richtung zu beschäftigen und auseinandersetzen, als irgendeiner Religion nachzuhängen (Etwa Plato, Aristoteles, siehe auch oben das Zitat von Aristoteles in "Eine grundlegende Aussage über Theologie"). *Denn eine Religion ist nichts anders als eine bestimmte philosophische Richtung – mit der Besonderheit, (leider) in Fanatismus ausarten zu können. Und alle Religionen, sogar bestimmte Richtungen innerhalb einer Religion, predigen, dass nur durch sie das Heil zu erreichen sei. Im Gegensatz dazu nötigt eine gute philosophische Richtung, welche zwar eine Empfehlung darstellt, niemanden, diese Empfehlung unbedingt zu befolgen.*

Die letzten Ausführungen des Zitats oben zeigen, dass man nach Goethe besser nicht sagen sollte "Ich glaube an Gott" *oder auch* "Ich glaube nicht an Gott".

"MENSCHLICHES – ALLZUMENSCHLICHES"

Die doppelte Moral

"Man darf das nicht vor keuschen Ohren nennen,
Was keusche Herzen nicht entbehren können."

FAUST I, WALD UND HÖHLE

Das heißt, wenn die "keusche(n) Herzen" *sich nicht nur unkeuschen Gedanken, sondern sogar unkeuschen Handlungen hingeben, so wollen ihre* "keuschen Ohren" *das weder hören, noch daran erinnert werden.*

Mehr sogar: Aus den obigen Zeilen ist auch zu entnehmen, dass die keuschen Herzen die unkeuschen Handlungen gar nicht entbehren können.

In diesem Zusammenhanhang sei an das Schauspiel "Moral" *von Ludwig Thoma erinnert, wo ein gut situierter Herr und Präsident eines* "Sittlichkeitsvereins" *einerseits jeden Sittenbruch erbarmungslos geiselte, andererseits aber selbst bei einer Kurtisane sein zweites Zuhause hatte.*

Dieses Schauspiel sich anzuschauen oder das Drama zu lesen, wäre auch ein Genuss.

Den Moralapostel sollte man also besser nicht spielen. Mit anderen Worten: Das, was man predigt, sollte man auch selbst leben.

Klatschen, Neid und Schadensfreude

Lieschen.
"Hast nichts von Bärbelchen gehört?"

Gretchen.
"Kein Wort. Ich komm gar wenig unter Leute."

Lieschen.
"Gewiß Sibylle sagt mir`s heute!
Die hat sich endlich auch betört.
Das ist das Vornehmthun!"

Gretchen.
"Wie so?"
Lieschen.
"Es stinkt!
Sie füttert zwei, wenn sie nun ißt und trinkt."

Gretchen.
"Ach!"
Lieschen.
"So ist ihr endlich recht ergangen.
Wie lange hat sie an den Kerl gehangen!
Das war ein Spazieren,
Auf Dorf und Tanzplatz Führen,
Mußt überall die erste seyn,
Curtesirt` ihr immer mit Pastetchen und Wein;
Bild`t sich was auf ihre Schönheit ein,
War doch so ehrlos sich nicht zu schämen

Geschenke von ihm anzunehmen.
War ein Gekos und ein Geschleck;
Da ist denn auch das Blümchen weg!"

Gretchen.
"Das arme Ding!"

Lieschen.
"Bedauerst sie noch gar!
Wenn unser eins am Spinnen war,
Uns Nachts die Mutter nicht hinunterließ;
(So dass wir, selbst wenn wir wollten,
Nie und nimmer sündigen konnten)*[1]
Stand sie bey ihrem Buhlen süß,
Auf der Thürbank und im dunken Gang
Ward ihnen keine Stunde zu lang.
Da mag sie denn sich ducken nun,
Im Sünderhemdchen Kirchbuß tun!"

Gretchen.
"Er nimmt sie gewiss zu seiner Frau."

Lieschen.
"Er wär ein Narr! Ein flinker Jung
Hat anderwärts noch Luft genug.
Er ist auch fort."

Gretchen.
"Das ist nicht schön!"

Lieschen.
"Kriegt sie ihn, solls ihr übel gehn.
Die Kränzel reißen die Buben ihr,
Und Häckerling streuen wir vor die Thür!"

FAUST I, AM BRUNNEN

1 *Die zwei Zeilen in den Klammern hat der Autor hinzugefügt.

Sibylle hatte also nichts Besseres zu tun, als Lieschen zu erzählen, dass sich Bärbelchen "betört" *hätte, was wiederum Lieschen veranlasst hat, dies Gretchen weiterzugeben. Und so geht es weiter von der einen zur anderen. Manches kann dabei auch leicht aufgebauscht werden.*

Eine Geschichte über jemanden zu erzählen, der nicht anwesend ist, ist etwas, was dem Erzähler nicht zusteht.

Das ist Klatsch und stellt eine ungebetene Einmischung in fremde Angelegenheiten dar. Und wenn man es dauerhaft und gewohnheitsmäßig macht, kann es durchaus zu Gesundheitsstörungen (etwa Gelenkproblemen) kommen.

Unzulässig ist auch, im Rahmen einer Klatschgeschichte den "Moralapostel" *zu spielen. Denn was die Gesellschaft oder die öffentliche Meinung für falsch oder richtig halten, muss nicht unbedingt mit den kosmischen Gesetzen übereinstimmen. Beispielsweise wurde ein CDU-Politiker vor einigen Jahren gezwungen, von seinem Posten zurückzutreten, weil er eine jüngere Freundin hatte. Andererseits aber sagt die CDU gar nichts mehr, wenn Homosexuelle* "heiraten" *oder sogar Kinder adoptieren sollen.*

Neid ist auch eine unschöne seelische Eigenschaft, die oft entsteht, wenn jemand etwas tut, was einem selbst verboten ist oder wenn man sich nicht traut, das zu tun, was ein anderer tut:

"Wenn unsereins am Spinnen war,
Uns Nachts die Mutter nicht hinunterließ;
Stand sie bei ihrem Buhlen süß;"

Weil sie spinnen mussten und von der Mutter nicht hinuntergelassen wurden, so dass sie, selbst wenn sie es gewollt hätten, nicht das tun konnten, was ihre Kameradin getan hat, sind sie neidisch auf sie.

Und wer weiß, wenn die Mutter sie nachts doch hinuntergelassen hätte, ob sie nicht genau das getan hätten, was sie bei ihrer Kameradin beschimpften.

Es ist oft so, dass man das Verbotene auch selbst gerne tun würde, wenn es nicht verboten wäre.

Schadenfreude ist ebenfalls eine ungute seelische Eigenschaft, die man besser nicht praktizieren sollte, da man nie gewiss sein kann, ob man nicht selbst in eine Situation kommt, so dass jemand anders darüber schadenfroh wird.

Die Freude von Lieschen ist offenbar groß, dass Bärbelchen "Im Sünderhemdchen Kirchbuß`[2] tun" muss.*

Auch freut sie sich darüber, dass ihr, selbst wenn ihr Freund sie heiratet, "das Kränzel" *(Myrtenkranz als Zeichen der Jungfräulichkeit) weggerissen wird und statt Blumen beim Kirchgang* "Häckerling" *(Häcksel) gestreut wird.*

Über die "Sünden" anderer sollte man weder sprechen noch sie tadeln

"GRETCHEN.
Wie konnt ich sonst so tapfer schmählen,
Sah ich ein armes Mägdlein fehlen!
Wie konnt`ich über andrer Sünden
Nicht Worte g`nug der Zunge finden!
Wie schien mir`s schwarz, und schwärzt`s noch gar,
Mir immer doch nicht schwarz g`nug war,

2 *Kirchbuß` bedeutet öffentliche Zurechtweisung von der Kanzel herab. Auf Goethes Betreiben als Staatsbeamter ist diese Strafe ab 1786 abgeschafft worden.

Und segnet` mich und that so groß,
Und bin nun selbst der Sünde bloß!
Doch – alles was dazu mich trieb,
Gott! war so gut! ach war so lieb!"

FAUST I, AM BRUNNEN

Da man im Grunde von sich nie hundertprozentig sicher sein kann, dass man gewisse "Sünden" *zu gegebener Zeit nicht auch selbst begeht, sollte man sich besser nicht über die* "Sünden" *anderer auslassen.*

Und da wir auch die Beweggründe der "Sünders" *oder der* "Sünderin" *im Allgemeinen nicht kennen und im Grunde auch nicht wissen, ob die* "Sünde" *auch aus kosmischer Sicht eine solche ist, haben wir nicht das Recht, den Betreffenden oder die Betreffende zu verurteilen.*

Wie man oben sieht, hat das Gretchen die "Sünden" *ihrer Freundinnen noch schwärzer gemacht, als sie waren, um dann selbst* "der Sünde bloß" *zu werden. Die letzten zwei Zeilen des Zitats zeigen auch, dass die Tat Gretchens vielleicht gar keine* "Sünde" *war.*

Wie erklärt sich Valentins Verhalten gegenüber seiner Schwester Gretchen?

"Wenn ich saß bey einem Gelag,
Wo mancher sich berühmen mag,
Und die Gesellen mir den Flor
Der Mägdlein laut gepriesen vor,
Mit vollem Glas das Lob verschwemmt,
Den Ellenbogen aufgestemmt;
Saß ich in meiner sichern Ruh
Hört` all` dem Schwadronieren zu.
Und streichle lächelnd meinen Bart,

Und kriege das volle Glas zur Hand
Und sage: alles nach seiner Art!"

FAUST I, NACHT, STRASSE VOR GRETCHENS THÜRE

Wir erleben hier einen Bürger, der nichts anderes als die von der Gesellschaft vorgegebenen, fest gefahrenen Denk- und Handlungsweisen kennt und sich offensichtlich darin sehr wohl fühlt.

"Aber ist eine im ganzen Land,
Die meiner trauten Gretel gleicht,
Die meiner Schwester das Wasser reicht?
Top! Top! Kling! Klang! Das ging herum!
Die einen schrieen: er hat Recht,
Sie ist die Zier vom ganzen Geschlecht!"

FAUST I, NACHT, STRASSE VOR GRETCHENS THÜRE

Valentin ist offensichtlich sehr stolz auf die Schönheit und die Tugendhaftigkeit seiner Schwester (s. o.).

"Da saßen alle die Lober stumm.
Und nun! – um`s Haar sich auszuraufen
Und an den Wänden hinaufzulaufen! -
Mit Stichelreden Nasenrümpfen
Soll jeder Schurke mich beschimpfen!
Soll wie ein böser Schuldner sitzen,
Bey jedem Zufallswörtchen schwitzen!
Und möcht` ich sie zusammenschmeißen;
Könnt` ich sie doch nicht Lügner heißen."

FAUST I, NACHT, STRASSE VOR GRETCHENS THÜRE

Und nun bricht diese seine Welt samt seiner "sicheren Ruh" *mit einem Mal in sich zusammen, indem ausgerechnet seine Schwester,* "die Zier vom ganzen Geschlecht", "gesündigt" *hat, so dass er am liebsten* "an den Wänden hinaufzulaufen" *würde. Nicht genug damit* "jeder Schurke" *soll ihn* "beschimpfen", *er soll* "wie ein böser Schuldner sitzen" *und* "bey jedem Zufallswörtchen schwitzen".

Natürlich darf nach seinem Verständnis der Täter nicht länger mit seinem unnützen Leben diese Erde beflecken:

"Ist er`s gleich pack` ich ihn beim Felle,
Soll nicht lebendig von der Stelle!"

FAUST I, NACHT, STRASSE VOR GRETCHENS THÜRE

Das heißt, dass er diese seine heile Welt samt seiner "sichern Ruh" *auf das Brutalste zu verteidigen gedenkt, obgleich sich seine Schwester freiwillig für ihren Freund Faust entschieden hat. Und er hat bei diesem seinem Bestreben das gefunden, was er selbst zufügen wollte: Den Tod.*

"Mein Gretchen sieh! Du bist noch jung,
Bist gar noch nicht gescheit genug,
Machst deine Sachen schlecht.
Ich sag`dir`s im Vertrauen nur:
Du bist doch nun einmal eine Hur`;
So sey`s auch eben recht."

FAUST I. NACHT, STRASSE VOR GRETCHENS THÜRE

Er beschimpft gleich seine Schwester als eine Hure, nur weil sie etwas getan hat, was den festgefahrenen Gesellschaftsnormen von damals widerspricht.

"Ich seh` wahrhaftig schon die Zeit
Daß alle brave Bürgersleut`
Wie von einer angesteckten Leichen
Von dir, du Metze! Seitab weichen.

Dir soll das Herz im Leib verzagen!
Wenn sie dir in die Augen sehn.
Sollst keine goldne Kette mehr tragen!
In der Kirche nicht mehr am Altar stehn
In einem schönen Spitzenkragen
Dich nicht beym Tanze wohlbehagen!
In eine finstre Jammerecken
Unter Bettler und Krüppel dich verstecken,
Und wenn dir denn auch Gott verzeiht,
Auf Erden seyn vermaledeyt!"

FAUST I, NACHT, STRASSE VOR GRETCHENS THÜRE

Er beschimpft noch einmal seine Schwester als "Metze" *(was soviel wie Hure bedeutet), obwohl sie in keiner Weise durch das, was sie getan hat, diese Bezeichnung verdient.*

Seine weiteren Ausführungen zeugen von einer beispiellosen Gehässigkeit und das alles, kurz bevor er stirbt. Das Bravsein und die "brave(n) Bürgersleut`" passen ausgezeichnet in sein festgefahrenes Weltbild.

Man sollte sich nicht in fremde Angelegenheiten einmischen bzw. sich nicht gedanklich mit anderen beschäftigen

Marthe.
"Ich bät`euch länger hier zu bleiben,
Allein es ist ein gar zu böser Ort.
Es ist als hätte niemand nichts zu treiben
Und nichts zu schaffen,
Als auf des Nachbarn Schritt und Tritt zu gaffen,
Und man kommt ins Gered` wie man sich immer stellt."

FAUST I, GARTEN

Mischt man sich andauernd in fremde Angelegenheiten ein, so müssen notwendigerweise die eigenen Angelegenheiten, u. a. die eigene Gesundheit vernachlässigt werden, was zur Folge haben kann, dass nicht nur dringende eigene Verrichtungen nicht erledigt werden, sondern auch gesundheitliche Störungen auftreten.

Zum Beispiel: Eine Großmutter mischt sich nicht nur in die Angelegenheiten ihrer erwachsenen Tochter, sondern auch in die ihres Schwiegersohns ein, was zur Folge haben kann, dass bei der Schwiegermutter Herzrhythmusstörungen auftreten.

Wenn wir uns also nicht in fremde Angelegenheiten einmischen, haben wir es viel leichter und schöner im Leben.

Mit unseren eigenen Angelegenheiten, mit unseren eigenen tagtäglichen Aufgaben, einschließlich unserer Gesundheit, sind wir andererseits sehr gut ausgelastet. Wir können uns nicht auch noch mit denen anderer beschäftigen.

Zu diesem Thema gehört auch, dass man nicht für andere denken sollte.

Frauen beispielsweise können durch ihre überlegene Intuition durchaus wissen, was nicht nur ihnen, sondern auch, was dem Gegenüber gut tun würde.

Das Problem dabei ist, dass das Gegenüber von sich aus darauf kommen und nicht vorgesagt bekommen sollte, was ihm gut tun würde. Es sei denn, jemand hat danach gefragt.

“Im Deutschen lügt man, wenn man höflich ist”

“Baccalaureus.
Gesteht nur, euer Schädel, eure Glatze
Ist nicht mehr werth als jene hohlen dort?

Mephistopheles. (gemütlich)
Du weißt wohl nicht, mein Freund, wie grob du bist?

Baccalaureus.
Im Deutschen lügt man, wenn man höflich ist.”

FAUST II, 2. AKT, HOCHGEWÖLBTES ENGES GOTISCHES ZIMMER

Dem Autor war die Bedeutung der letzten Zeile lange Zeit nicht klar. Warum soll man lügen, wenn man höflich ist? Und doch – man lügt durch Beschönigung oft bzw. kehrt etwas unter den Teppich, da Deutsch sehr präzise ist.

Dazu einige Beispiele:

Man kann sagen “Dies ist ein synthetischer, (industriell hergestellter) Farbstoff” oder “Das ist Lebensmittelfarbe”.

Man kann sagen “Medikamente haben toxische (d. h. giftige) Begleitwirkungen” oder “Medikamente haben Nebenwirkungen”.

“Wir sind gewohnt, dass die Menschen verhöhnen,Was sie nicht verstehen

Daß sie vor dem Guten und Schönen,
Das ihnen oft beschwerlich ist, murren;”

FAUST I, STUDIERZIMMER

Wenn jemand in einem Bierzelt oder beim Klatschkaffee Goethe- oder Schillergedichte vortragen würde, wird er mit Sicherheit verhöhnt. Hand in Hand werden das Gute und das Schöne, die in diesen Gedichten stecken und deren Sinn sich oft erst bei einigem Nachdenken erschließen mag, von vielen abgelehnt.

Die besseren Schüler, das heißt diejenigen, die etwas lernen wollen, werden oft von ihren schlechteren Kameraden verhöhnt und auf mannigfachste Art behindert. Denn die schlechteren Schüler interessieren sich eher für minderwertige Musik als etwa für Dantes "Göttliche Komödie" *oder Goethes Faust, so dass sie diese verhöhnen und dagegen murren werden, da sie ihnen beschwerlich sein werden.*

Durch die Motorisierung fahren auch die meisten lieber mit dem Auto, als zu wandern und die Schönheit der Natur zu genießen.
Das Wandern würde ihnen auch beschwerlich sein, da sie durch das Autofahren körperliche Anstrengung nicht mehr gewohnt sind.

"Ich bin zu alt um nur zu spielen,
Zu jung um ohne Wunsch zu seyn."

FAUST I, STUDIERZIMMER

Gefühle der Verliebtheit, wie Faust sie gegenüber Gretchen bekommt, können Menschen aller Altersstufen, Männer und Frauen, Ledige und Verheiratete ergreifen. Diese Gefühle der Zuneigung für einen anderen Menschen kommen nicht zufällig und sollten nicht einfach ignoriert werden. Solche Gefühle beinhalten immer auch eine Prüfung und Entwicklungschance, sowohl für die Betroffenen als auch für deren Umfeld. Sie können helfen, sich um bessere seelische Eigenschaften zu bemühen, z. B. nicht eifersüchtig zu sein.

Einige Philosophen lehren, dass nach Erreichen der Stufe der seelischen Vollkommenheit alle Seelen einander lieben und negative Eigenschaften, wie z. B. Eifersucht, überwunden sein sollen.

DIE MEDIZINISCH-NATURHEILKUNDLICHEN ASPEKTE IN GOETHES FAUST

Goethe soll sich sehr intensiv mit der Problematik Gesundheit – Krankheit *auseinandergesetzt haben. Für ihn ist Krankheit die Überwindung eines Zustandes zum Besseren.*

Darüber soll er u. a. Folgendes gesagt haben:

"Die Krankheiten werden in der Zukunft zunehmen, so dass ein jeder Helfer des Anderen sein wird. Die Heilmittel aber werdet ihr in meinem Faust finden."

Eine Voraussage vor etwa 200 Jahren, die hundertprozentig auf die Verhältnisse heute zutrifft, denn die Deutschen sind heute weitgehend zu einem Volk der Pflege- und Hilfsbedürftigen geworden.

Die Bedeutung der eigenen Gefühle für unsere Gesundheit

"Und fragst du noch, warum dein Herz
Sich bang in deinem Busen klemmt?
Warum ein unerklärter Schmerz
Dir alle Lebensregung hemmt?
Statt der lebendigen Natur,
Da Gott die Menschen schuf hinein,
Umgiebt in Rauch und Moder nur
Dich Thiergeripp und Todtenbein."

FAUST I, NACHT

Letztendlich hängt unsere Gesundheit von der Beachtung bzw. Nicht-Beachtung der eigenen Gefühle ab.

Und die ersten vier Zeilen beschreiben sehr plastisch, was warnende Gefühle in uns bewirken und fordern uns dazu auf, etwas dagegen zu unternehmen.

Beispielsweise sich Zeit für einen Spaziergang in freier Natur nehmen, wenn ein entsprechender innerer Hinweis dazu kommt oder sich Zeit nehmen, sich ein besonderes Getränk zuzubereiten.

Manch ein Leser würde meinen, dass das Banalitäten sind. Doch der Schlüssel zu unserer Gesundheit liegt in der tagtäglichen Befolgung gewisser Banalitäten, wie oben angegeben. Die Liste solcher Beispiele in Bezug auf unsere Gesundheit, mit denen wir Tag für Tag konfrontiert werden, ließe sich beliebig erweitern.

Soll man beten, soll man fasten?

"Nur wenig Schritte noch hinauf zu jenem Stein,
Hier wollen wir von unsrer Wandrung rasten.
Hier saß ich oft gedankenvoll allein
Und quälte mich mit Beten und mit Fasten."

FAUST I, VOR DEM THOR

Da sowohl Beten als auch Fasten sehr persönliche Entscheidungen sind, ist es grundsätzlich die Sache des Betreffenden, darüber zu entscheiden. Quälen sollte man sich aber weder mit Beten noch mit Fasten.

Es würde mit Sicherheit auch nicht schaden, wenn man sich vor dem Beten fragen würde: "Was kann ich selbst zur Lösung des Problems beitragen?" Es heißt ja nicht zufällig:

"Hilf dir selbst, so hilft dir Gott"

Über das Fasten hat der Autor auch einen Vortrag von einem Fastenarzt gehört, der selbst fastete und entsprechend aussah, als ob er längere Zeit gefastet hätte. Er führte u. a. aus, dass Fasten in der Tierwelt weit verbreitet sei und gewisse Zugvögel 5000 bis 6000 km zurücklegen würden, ohne Nahrung zu sich zu nehmen. Und was diese Vögel könnten, das könne auch der Mensch, da die Vögel wie auch der Mensch genügend Reserven im Körper hätten, um notfalls über eine längere Periode ohne Nahrung auszukommen.

Was man bei einer solchen Argumentation übersieht, ist, dass der menschliche Körper mit weitem Abstand der komplizierteste im Vergleich zu den Körpern der übrigen Lebewesen ist und infolgedessen in keiner Weise in Funktionalität und Leistung mit diesen vergleichbar ist.

Fasten sollte aus naturheilkundlicher Sicht nicht unvorbereitet erfolgen – das bedeutet, dass vorher eine gründliche Entschlackung und Entgiftung durchgeführt werden sollte.

Zum Beispiel:

Man sollte längere Zeit täglich oder fast täglich einen kleinen Hügel besteigen – dabei schwitzen und sollte sich auch sonst nicht scheuen zu schwitzen, da dadurch viele Gifte und Schlacken unter Schonung der Nieren ausgeschieden werden können.

Am frühen Morgen, gleich nach dem Aufstehen, sollte man zuerst etwas trinken – Quellwasser von Qualität (d.h. kalkarm, also weich und mineralarm), Mineralwasser eventuell mit Zitronensaft, andere Getränke oder Säfte.

Erst dann sollte man nach stärkerem Hungergefühl frühstücken. Man sollte nicht fasten und gleichzeitig arbeiten.

Das Fasten sollte stets in sauberer oder relativ sauberer Luft und nicht länger als drei Tage durchgeführt werden. Das heißt: auf gar keinen Fall mittendrin in einer Großstadt fasten, da zu viele Umweltgifte den Körper zusätzlich belasten.

Und zuletzt das Wichtigste: Hat man sich vorgenommen, beispielsweise zwei Tage zu fasten, und bekommt man am Nachmittag des ersten Tages ein starkes Hun-

gergefühl, dann bedeutet das, dass der Körper dringend Nahrung braucht, so dass man unbedingt essen sollte.

Überwindet man dieses Hungergefühl (wie einem die Fastenärzte meistens raten) so kann das Fasten durchaus zur Qual werden, und je länger man so fastet, desto größer sind die gesundheitlichen Schäden zum Ende des Fastens.

Denn Gefühle im Bereich unseres Körper sind wie Messinstrumente unserer Gesundheit – beachten wir sie, so kommen sie klarer und präziser – beachten wir sie nicht, so werden sie schwächer.

Insbesondere Hungergefühl bedeutet, dass unser Körper Nahrung braucht und starkes Hungergefühl bedeutet, dass unser Körper ganz dringend Nahrung braucht.

Während des Fastens sollte man immer wieder etwas trinken – Quellwasser wie oben beschrieben, auch verschiedene Gemüsesäfte, ab und zu auch ¼ Teelöffel Waldhonig dazu.

Der Schlaf vor Mitternacht ist wertvoller für die nächtliche Regeneration als danach

"O sähst du voller Mondenschein,
Zum letzten Mal auf meine Pein,
Den ich so manche Mitternacht
An diesem Pult herangewacht:
Dann über Büchern und Papier,
Trübselger Freund erschienst du mir!
Ach! Könnt ich doch auf Berges-Höh`n,
In deinem lieben Lichte gehn,
Um Bergeshöhle mit Geistern schweben,
Auf Wiesen in deinem Dämmer weben,
Von allen Wissensqualm entladen,
In deinem Thau gesund mich baden!

FAUST I, NACHT

Am späten Abend oder in der Nacht geistige Arbeit zu leisten, ist ein häufiger Fehler, den u. a. Schüler, Studenten, Lehrer und Professoren machen. Denn dadurch verpasst man oft die beste nächtliche Regeneration. Mit anderen Worten: Man ist bei weitem effektiver, wenn man früh ins Bett geht (etwa 21.30 Uhr, Winterzeit) und früh aufsteht.

Es heißt auch nicht zufällig: Morgenstunde hat Gold im Munde. *Gewisse Ausnahmen wegen kultureller oder geselliger Veranstaltungen sind andererseits durchaus zulässig.*

Unnötiger "Wissenqualm" *belastet uns. Davon kann u. a. fast jeder, der ein Studium absolviert hat, ein Lied singen. Aber auch zu oft Nachrichten hören, das meiste geht einem nichts an, belastet ebenfalls. Z. B. ist das Meiste, was in der dritten Welt geschieht, für uns Mitteleuropäer unwesenlich. Es entstehen dadurch unnütze Gedächtnisinhalte, die die Funktionstüchtigkeit des Gehirn beeinträchtigen können.*

Ein Wissenschaftler will aus seinem "Studiergefängnis" ausbrechen

"Weh! Steck ich in dem Kerker noch?
Verfluchtes, dumpfes Mauerloch!
Wo selbst das liebe Himmelslicht
Trüb` durch gemalte Scheiben bricht.
Beschränkt von diesem Bücherhauf,
Den Würme nagen, Staub bedeckt,
Den, bis ans hohe Gewölb` hinauf,
Ein angeraucht Papier umsteckt;
Mit Gläsern, Büchsen rings umstellt,
Mit Instrumenten vollgepfropft,
Urväter Hausrath drein gestopft -
Das ist deine Welt! Das heißt eine Welt!"

FAUST I, NACHT

Wir halten uns viel zu oft und viel zu lange in geschlossenen Räumen auf, was oft unsere Gesundheit beeinträchtigt, anstatt uns in der Natur (in sauberer Luft) zu entspannen,

Zu viel Staub zu Hause ist alles andere als gesundheitsfördernd (er belastet u. a. die Atemwege) und bei Büchern stellt er ein besonderes Problem dar, zumal wenn sie offen und senkrecht im Bücheregal gelagert werden.

Unnütze Gegenstände, die wir besitzen und auf die wir zuweilen auch stolz sein können, belasten ebenfalls unsere Gesundheit. Man könnte sie auch als "Mühlsteine" im übertragenen Sinne bezeichnen. Sie rauben uns Energie. Und wenn man sich von etwas, was man nicht braucht, getrennt hat (selbst von einigen Zetteln), erlebt man ein großes inneres Gefühl der Erleichterung.

Nach Erfahrungen des Autors können durch "Mühlsteine" u. a. Schilddrüsen- oder Wirbelsäulenprobleme auftreten.

Mit dem Thema "Mühlsteine" im obigen Sinne werden wir uns weiter unten ausführlicher beschäftigen.

Unsere Krankheiten, unsere Missgeschicke verursachen wir selbst

"Wer lehret mich? Was soll ich meiden?
Soll ich gehorchen jenem Drang?
Ach! unsre Thaten selbst, so gut als unsre Leiden,
Sie hemmen unsres Lebens Gang."

FAUST I, NACHT

Unsere Krankheiten, Missgeschicke, unser Glück oder Unglück verursachen wir selbst. Das sagen uns die letzten zwei Zeilen des Zitats. Das ist eine Wahrheit, die zu allen Zeiten und an allen Orten bekannt war und ist.

U. a. in Shakespeares "Julius Caesar":

"Nicht durch die Schuld der Sterne lieber Brutus,
Durch eigne Schuld nur sind wir Schwächlinge."

Und wenn wir krank sind, haben wir bei weitem nicht so viel vom Leben, als wenn wir gesund und voller Lebenskraft sind, d. h. "unsres Lebens Gang" *wird gehemmt. Es ist genau das, was Schopenhauer seinerzeit auch festgestellt hat:*

"Gesundheit ist nicht alles, doch ohne Gesundheit ist alles nichts."

"Soll ich gehorchen jenem Drang?" *bezieht sich auf unsere Intuition; das ist eine Art innere Stimme, die aber nicht immer klar und eindeutig ist, so dass wir sie oft überhören und nicht befolgen.*

Sich Sorgen machen vermeiden

"Die Sorge nistet gleich im tiefen Herzen,
Dort wirket sie geheime Schmerzen,
Unruhig wiegt sie sich und störet Lust und Ruh;
Sie deckt sich stets mit neuen Masken zu,
Sie mag als Haus und Hof, als Weib und Kind erscheinen,
Als Feuer, Wasser, Dolch, und Gift;
Du bebst vor allem was nicht trifft,
Und was du nie verlierst das mußt du stets beweinen."

FAUST I, NACHT

Hier ist sehr gut und plastisch der Mechanismus beschrieben, wie Sorgen in uns entstehen. Also zunächst "geheime Schmerzen", *die* "Lust und Ruh" *stören.*

Dann erscheint uns die Sorge immer wieder vom Neuen aus verschiedenen Blickwinkeln: ("Sie deckt sich stets mit neuen Masken zu").

Und die letzten zwei Zeilen zeigen, dass unsere Sorgen oft umsonst sind.

Da die Sorgen, die wir uns machen, auch nicht im Geringsten zur Lösung des Problems beitragen, im Gegenzug aber u. a. unser Nervensystem belasten, sollten wir sie vermeiden.

Am besten wohl, indem man sich vornimmt, sich in ruhiger Minute, gegebenfalls schriftlich, Gedanken zu machen, wie das Problem, das uns Sorgen bereitet, gelöst werden kann.

Besonders ungünstig ist es, wenn wir Sorgen in der Nacht, die dann zusätzlich unseren Schlaf stören, zulassen. Auch hier ist es besser sich zu sagen: "Jetzt will ich schlafen, jedoch morgen zu passender Zeit will ich mich mit der Lösung des Problems beschäftigen."

Wir sind eigentlich auf dieser Erde, um glücklich zu sein

"Ist es nicht Staub? Was diese hohe Wand,
Aus hundert Fächern, mir verenget;
Der Trödel, der mit tausendfachem Tand,
In dieser Mottenwelt mich dränget?
Hier soll ich finden, was mir fehlt?
Soll ich vielleicht in tausend Büchern lesen,
Daß überall die Menschen sich gequält,
Daß hie und da ein Glücklicher gewesen?
....
Geheimnißvoll am lichten Tag
Läßt sich Natur des Schleyers nicht berauben,
Und was sie deinem Geist nicht offenbaren mag,
Das zwingst du ihr nicht ab mit Hebeln und mit Schrauben.

Du alt Geräthe das ich nicht gebraucht,
Du stehst nur hier, weil dich mein Vater brauchte.
Du alte Rolle, du wirst angeraucht,
So lang an diesem Pult die trübe Lampe schmauchte.
Weit besser hätt ich doch mein weniges verpraßt,
Als mit dem wenigen belastet hier zu schwitzen!
Was du ererbt von deinen Vätern hast,
Erwirb es, um es zu besitzen.
Was man nicht nützt, ist eine schwere Last,
Nur was der Augenblick erschafft, das kann er nützen."

FAUST I, NACHT

Anstatt uns zu quälen, sollten wir glücklich sein. Doch nur wenigen von uns gelingt dies. In diesem Zitat sind auch einige Bedingungen beschrieben, die unserem Glücklichsein im Wege stehen:

Besonders wichtig ist es, in der Gegenwart zu leben bzw. die Gegenwart (die eigentlich für uns da ist) zu genießen.

Das meint Goethe mit der Stelle: "Nur was der Augenblick erschafft, das kann er nützen".

Auch ist es, wenn wir uns auf die Gegenwart konzentrieren, am ehesten möglich, bei Widrigkeiten angemessen zu reagieren.

Was heißt es, "nicht in der Gegenwart zu leben? – Wenn wir uns z.B. während einer Straßenbahnfahrt sehr intensiv mit Gedanken beschäftigen (etwa was zu Hause stattfinden könnte), kann es passieren, dass wir, wenn plötzlich gebremst wird, jemandem auf die Füße treten oder sogar stürzen.

In diesem Zitat ist noch einmal sehr nachdrücklich unterstrichen, wie wichtig es ist, sich von unnützen Gegenständen zu befreien:

"Weit besser hätt ich doch mein weniges verpraßt,
Als mit dem wenigen belastet hier zu schwitzen!"

Wie bereits erwähnt, gehören die unnützen Gegenstände, die wir besitzen, zu den "Mühlsteinen" *im übertragenen Sinne.*

Zu diesen "Mühlsteinen" können aber auch *zwischenmenschliche Beziehungen, die uns nicht weiterbringen, oder auch unnütze Haustiere gehören.*

Beispiel: Wenn eine Tante ihren Verwandten recht häufig anruft, um ihm über ihre Probleme zu berichten, bei denen er ihr nicht im Geringsten helfen kann.

Nützlicher wäre es, wenn die Tante sich selbst, am besten schriftlich, Gedanken zur Lösung ihrer Probleme machen würde. Haustiere (etwa Hunde, Katzen u. a.), die keine Funktion haben (Katze als Mäusefänger;

Hund als Blindenhund, Wachhund oder Rettungshund), beeinträchtigen ebenfalls unsere Gesundheit.

Schaffen wir es also, uns von allen "Mühlsteinen" *zu befreien, so sind wir automatisch gesünder und glücklicher.*

Wichtig für unser Glück und unsere Gesundheit ist es auch, dass wir uns so oft wie möglich in der freien Natur, also in sauberer Luft aufhalten.

Was ist von den Fortschritten der Medizin (damals wie heute) zu halten?

"An Hoffnung reich, im Glauben fest,
Mit Thränen, Seufzen, Händeringen
Dacht ich das Ende jener Pest
Vom Herrn des Himmels zu erzwingen.
Der Menge Beyfall tönt mir nun wie Hohn.
....
Erschien darauf mit bunten Farben,
Die junge Königin im Glas,
Hier war die Arzeney, die Patienten starben,
Und niemand fragte: wer genas?
So haben wir mit höllischen Latwergen,
In diesen Thälern, diesen Bergen,
Weit schlimmer als die Pest getobt.
Ich habe selbst den Gift an Tausende gegeben,
Sie welkten hin, ich muß erleben
Daß man die frechen Mörder lobt."

FAUST I, VOR DEM THOR

Wenn eine Pest kommt, so geschieht das nicht zufällig und auch nicht im Widerspruch zu den kosmischen Gesetzen.

Verursacht ist sie vom Verhalten der Menschen, gegen die sie sich richtet.

Die verschiedenen großen Seuchen im Mittelalter sind u. a. durch die katastrophalen hygienischen Verhältnisse in den mittelalterlichen Städten verursacht worden. Nicht nur, dass dort Wasser- und Abwasserleitungen fehlten; Man warf sogar zuweilen die Abfälle der Einfachheit halber zum Fenster heraus auf die Straße. In Weimar soll es zu Goethes Zeit zu den ca. 7000 Einwohnern u. a. auch 3000 Schweine (innerhalb der Stadtmauer) gegeben haben.

"Die junge Königin im Glas" *bedeutet den (durch* "dunkle" *Alchimie hergestellten) Stein des Weisen.*

Da zu dessen Herstellung aber u. a. Quecksilber verwendet wurde, welches ein schlimmes Gift für unseren Körper darstellt, so ist es sehr einleuchtend, dass viele Patienten daran gestorben sind: "Hier war die Arzeney, die Patienten starben".

Die "höllischen Latwergen" *sind die daraus zubereiteten, breiartigen* "Arzneimittel", *welche offensichtlich einen noch schlimmeren Schaden angerichtet haben* ("Weit schlimmer als die Pest getobt") *als die Pest selbst.*

Und nun zu den Verhältnissen von heute: Es ist ein Irrtum zu glauben, dass die Menschen jetzt allein durch die "Fortschritte" der Medizin länger leben als vor 100 Jahren.

Sie sollen länger leben, da sie durch ein längeres Leben in seelisch-geistiger Hinsicht mehr profitieren können.

Da die meisten Medikamente nichts anders als gereinigte Chemikalien sind, die von der Schöpfung her gar nicht für unseren Körper gedacht sind, so ist auch sehr einleuchtend, dass sie nicht nur mannigfache Schäden, sonder sogar Todesfälle bewirken.

"O glücklich wer noch hoffen kann
Aus diesem Meer des Irrtums aufzutauchen."

FAUST I, VOR DEM THOR

Das ist vielleicht der beste Kommentar über die Heil- und Untersuchungsmethoden der Schulmedizin heute.

Sowohl Naturmediziner als auch homöopathische Ärzte vertreten die Auffassung, dass die gegenwärtige Schulmedizin sich in vieler Hinsicht zu sehr von den natürlichen Lebensgrundlagen entfernt hat. Oft führen natürliche Heilmethoden zu guten Erfolgen. Die Sonne z. B. ist bei fast allen Hautproblemen ein natürliches Heilmittel, was der Autor von einem Dermatologieprofessor gehört hat. Operationen sind nicht immer die beste Wahl.

Es seien einige Ausnahmen angeführt: Bei Körperverletzungen nach Gewalteinwirkung (etwa bei Knochenbrüchen) können Operationen durchaus angebracht sein.

Bei eitrigen Entzündungen in verschiedenen Körperbereichen kann eine Operation ebenfalls u. U. helfen.

Man sollte nicht grübeln

"Drum frisch! Laß alle Sinnen sein,
Und g`rad` mit in die Welt hinein!
Ich sag` es dir: ein Kerl der speculirt,
Ist wie ein Thier, auf dürrer Heide
Von einem bösen Geist im Kreis herum geführt,
Und rings umher ist schöne grüne Weide.

FAUST I, STUDIERZIMMER

Man sollte sich der Realität des täglichen Lebens nicht entziehen, denn diese Realität, diese Gegenwart ist für uns da, damit wir etwas daraus lernen oder etwas Schönes erleben.

"Speculiren" *ist hier offenbar im Sinne von grübeln gemeint. Zu sehr grübeln und sich abkapseln kann durchaus zu gesundheitlichen (u. a. psychosomatischen) Störungen führen.*

Hat man eine vernünftige Beschäftigung (auch in der Freizeit), kapselt man sich weniger ab, hält man sich so häufig, wie man kann, in der Natur in sauberer Luft auf – dann ist automatisch kaum Raum fürs Grübeln gegeben.

Statt zu grübeln kann man sich zu passender Zeit Gedanken machen (gegebenfalls schriftlich), wie das entsprechende Problem gelöst werden kann.

"Speculiren" *im Sinne vom Spekulieren an der Börse sollte man ebenfalls nicht, da dies u. a. zu Sörungen des Nervensystems und gegebenfalls auch zu Geld- bzw. Vermögensverlusten führen kann.*

Einige medizinische Kernaussagen

"Der Geist der Medicin ist leicht zu fassen;
Ihr durchstudiert die groß und kleine Welt,

Um es am Ende gehen zu lassen,
Wies Gott gefällt.
Vergebens dass ihr ringsum wissenschaftlich schweift,
Ein jeder lernt nur, was er lernen kann,
Doch der den Augenblick ergreift,
Der ist der rechte Mann.
Ihr seid noch ziemlich wohlgebaut,
An Kühnheit wirds euch auch nicht fehlen,
Und wenn ihr euch nur selbst vertraut,
Vertrauen euch die andern Seelen."

FAUST I, STUDIERZIMMER

An dem Grundsatz "Um es am Ende gehen zu lassen,
Wie`s Gott gefällt."
hat sich auch heute nichts geändert:

Die menschliche Lebenszeit ist begrenzt und die Frage nach einem würdevollen Ende stellt sich auch heute angesichts der immer neuen lebensverlängernden Maßnahmen der modernen Medizin nicht minder aktuell als zu Goethes Zeit. Goethe selbst war sich darüber im Klaren, dass das Leben in der Hand der Schöpfung liegt. Er plädiert dafür, sich der Schöpfung – nicht der Medizin – anzuvertrauen.
Jeder kann nur so viel lernen und verstehen, wie es seiner seelisch-geistigen Entwicklungsstufe entspricht – das sagt uns die Zeile "Ein jeder lernt nur, was er lernen kann".

Auch für einen Arzt ist es sehr wichtig "den Augenblick zu ergreifen", *d. h. in der Gegenwart zu leben – so kann er die Probleme seiner Patienten am Besten erkennen.*

Schließlich ist es für einen Arzt auch sehr wichtig, am eigenen Leibe gewisse gesundheitliche Probleme auf natürliche Art überwunden zu haben:

“Und wenn ihr euch nur selbst vertraut,
Vertrauen euch die andern Seelen.”

Erst dann kann er verstehen, wie das Gesundwerden funktioniert.

Wie kann man seinen Körper verjüngen?

Faust.
“Mir widersteht das tolle Zauberwesen!
Versprichst du mir ich soll genesen,
In diesem Wust von Raserey?
Verlangt ich Rath von einem alten Weibe?
Und schafft die Sudelköcherey
Wohl dreyßig Jahre mir vom Leibe?
Weh mir, wenn du nichts bessers weißt!

Schon ist die Hoffnung mir verschwunden.
Hat die Natur und hat ein edler Geist
Nicht irgend einen Balsam aufgefunden?"

Mephistopheles.
"Mein Freund, nun sprichst du wieder klug!
Dich zu verjüngen, gibt auch ein natürlich Mittel;
Allein es steht in einem andern Buch,
Und ist ein wunderlich Capitel."

Faust.
"Ich will es wissen."

Mephistopheles.
"Gut! Ein Mittel ohne Geld
Und Arzt und Zauberey zu haben:
Begib dich gleich hinaus aufs Feld
Fang an zu hacken und zu graben,
Erhalte dich und deinen Sinn
In einem ganz beschränkten Kreise,
Ernähre dich mit ungemischter Speise,
Leb mit dem Vieh als Vieh, und acht es nicht für Raub,
Den Acker, den du ärndest, selbst zu düngen;
Das ist das beste Mittel, glaub
Auf achtzig Jahr dich zu verjüngen!"

Faust.
"Das bin ich nicht gewöhnt, ich kann mich nicht bequemen,
Den Spaten in die Hand zu nehmen,
Das enge Leben steht mir gar nicht an."

Mephistopheles:
"So muß denn doch die Hexe dran."

FAUST I, HEXENKÜCHE

Faust soll also durch ein Hexengetränk verjüngt werden.

Ist so etwas überhaupt möglich? Dem Autor ist kein solches Mittel bekannt.

Doch wenn man sich Tag für Tag um seine Gesundheit, um seine Verjüngung bemüht, so kann man, wenn auch nicht einfach, gewisse Erfolge verzeichnen.

Faust weigert sich zunächst, das Hexengetränk zu nehmen, und verlangt von Mephistopheles ein natürliches Mittel.

Mephistopheles beschreibt ihm das Mittel, doch er weigert sich wiederum, dieses Mittel anzunehmen.

Und die letzten drei Zeilen, in denen Faust sagt: "Das bin ich nicht gewöhnt ... Das enge Leben steht mir gar nicht an", *sprechen Bände – die Arbeit an unserer Gesundheit, die Arbeit an unserer Verjüngung scheitert oft an unserer Bequemlichkeit.*

Doch wir wollen uns jetzt das natürliche Verjüngungsmittel näher anschauen: Körperliche Bewegung ("Begib dich gleich hinaus aufs Feld...") in sauberer Luft ist ein einfaches, aber sehr wirkungsvolles Mittel im Dienst unserer Verjüngung bzw. unserer Gesundheit.

Auch Personen mit schweren Krankheiten könnten wieder gesund werden, wenn sie jeden Tag ein passendes Waldstück (in möglichst sauberer Luft) aufsuchen, sich etwas zum Essen, zum Trinken und zum Lesen mitnehmen und sich den ganzen Tag dort aufhalten würden. Ein solch enormer Faktor ist also die körperliche Bewegung bzw. der Aufenthalt in sauberer Luft.

So ist die Aussage: "Das ist das beste Mittel, glaub`,
Auf achtzig Jahr dich zu verjüngen" *keinesfalls aus der Luft gegriffen.*

Eine weitere wichtige Voraussetzung für unsere Verjüngung bzw. unsere Gesundheit ist Bescheidenheit. Das meint die Aussage"...acht es nicht für Raub
Den Acker, den du ärndest, selbst zu düngen".

Es ist oft besser, zu wandern oder zu Fuß zu gehen, als mit dem Auto zu fahren, denn durchs Autofahren bekommt man u. a. (selbst auf kürzeren Strecken) viel zu viele giftige und giftigste Abgase von den anderen Autos oder LKWs mit.

Das bedeutet, dass man sehr viel gewinnt, wenn man im Rahmen seiner Möglichkeiten auf das Autofahren verzichtet. Denn die Regenerationsenergie, die nötig wäre, um die giftigen Abgase im Körper zu verarbeiten, kann in die eigene Gesundheit bzw. Verjüngung investiert werden.

Der Unterschied zwischen einem jungen und einen alten Körper ist, dass der ältere viel mehr Gifte und Schlacken mit sich herumschleppt, die er nicht ausgeschieden hat.

Sich verjüngen bedeutet also im Klartext: sich entschlacken und entgiften.

Was sind Schlacken, was sind Gifte? Selbst bei sehr sauberer Luft, selbst wenn wir die Ernährung gut auswerten können, entstehen im Körper Stoffwechselprodukte, Schlacken genannt, die unter Energieaufwand ausgeschieden werden müssen, womit aber ein gesunder Mensch ohne weiteres fertig werden kann.

Zum Beispiel: Wir atmen Sauerstoff ein und Kohlendioxyd aus. Oder wir nehmen eiweißhaltige Nahrungsmittel zu uns und scheiden dann Harnstoff aus.

Gifte dagegen sind Stoffe, die gar nicht in unseren Körper hätten gelangen sollen. Zum Beispiel:

Auto- und Industrieabgase;

Ausdünstungen von herkömmlichen Farben und Lacken, besonders schlimm, wenn diese versprüht werden; herkömmliche Putzmittel im Haushalt, Reinigungsmittel, Spülmittel usw., die schon erwähnt wurden; synthetische Nahrungsmittelzusätze, die ebenfalls erwähnt wurden;

die Pestizide in der Landwirtschaft;

die meisten Medikamente, worüber schon berichtet wurde;

die herkömmlichen Kosmetika (einschließlich Desodorantien) enthalten ebenfalls eine Fülle von Chemikalien, besonders schlimm, wenn sie etwa beim Friseur versprüht werden; herkömmliche Haarfarben;

herkömmliche Waschmittel, die u. a. synthetische Aromastoffe enthalten usw.

Eine weitere Voraussetzung für unsere Gesundheit bzw. Verjüngung ist die möglichst vollständige Auswertung der Nahrung, die wir zu uns nehmen. Dafür ist es wiederum wichtig, dass wir keine unpassenden Mischungen zu uns nehmen – das meint die Aussage ("Ernähre dich mit ungemischter Speise").

Beispielsweise sollte das Brot aus nur einer Getreidesorte bestehen. Denn für die eine Getreidesorte braucht unser Körper bestimmte Verdauungssäfte, für die andere wiederum andere, was gleichzeitig viel schwerer zu bewerkstelligen ist, als wenn unser Körper nur eine Getreidesorte zu verarbeiten hat.

Die Zeilen "Erhalte dich und deinen Sinn
In einem ganz beschränkten Kreise."
meinen, dass wir mit unserer Gesellschaft wählerisch sein sollten. Denn ständig oder häufig *mit Menschen zu tun haben, die nicht zu uns passen, behindert uns und stört u. a. unsere Arbeit an der Gesundheit bzw. der Verjüngung.*
Im biologischen Bereich läßt sich die Zeit
weder verkürzen noch wegrationalisieren:

Faust.
"Warum denn just das alte Weib?
Kannst du den Trank nicht selber brauen?"

Mephistopheles.
"Das wär` ein schöner Zeitvertreib!
Ich wollt` indeß wohl tausend Brücken bauen.
Nicht Kunst und Wissenschaft allein,
Geduld will bey dem Werke sein.
Ein stiller Geist ist Jahre lang geschäftig,
Die Zeit nur macht die feine Gährung kräftig."

FAUST I, HEXENKÜCHE

Damit ein Baum etwa fünf Zentimeter im Durchmesser dick wird, braucht er ca. zehn Jahre. Damit der menschliche Körper (ab der Geburt) vollständig aufgebaut wird, braucht er ca. 20 Jahre. Der Mensch braucht auch nach seinen verschiedenen Tätigkeiten eine angemessene Erholung – ein ganz bestimmtes inneres Gefühl sagt einem jeden wie lange. Damit der menschliche Körper von einem Tag zum anderen regeneriert wird, braucht er seinen täglichen Schlaf – acht Stunden sind eine gewisse Durchschnittszeit. Die allgemeinen Ar-

beitsbedingungen in der heutigen Zeit sind so, dass wir mindestens einmal im Jahr einen größeren Urlaub brauchen. Auch die schöpferischen Tätigkeiten haben ihre Fristen. Goethe beispielweise wusste, dass er produktive und unproduktive Zeiten hatte, und er hütete sich, während der unproduktiven sich etwas abzuzwingen.

Das sind alles Beispiele für biologische Fristen, und je besser wir sie berücksichtigen, um so gesünder sind wir.

Wie soll ein Arzt arbeiten?

"Den Arzt der jede Pflanze nennt,
Die Wurzeln bis ins Tiefste kennt,
Dem Kranken Heil, dem Wunden Lindrung schafft,
Umarm ich hier mit Geist- und Körperkraft!"

FAUST II, 2. AKT, PENEIOS

Ein Professor der Hals-Nasen-Und-Ohren-Heilkunde, dessen Vorlesung der Autor gehört hatte, führte u. a. aus:

"Die heutige Medizin ist eine unglückliche Verquickung zwischen Naturwissenschaft und Kunst und eigentlich ist sie eine Kunst".

Die Schlussfolgerung daraus, der Goethe zugestimmt hätte, ist, dass Medizin vernünftig nur als Kunst und nicht als Naturwissenschaft betrieben werden kann. Zwar gelten im menschlichen Körper durchaus gewisse physikalisch-chemische Gesetzmäßigkeiten, die wir vollständig aber unmöglich überblicken können, es sei den, wir könnten alle Moleküle unseres Körpers samt ihrer Wechselwirkungen sehen und erfassen, was unmöglich ist.

Es ist aber trotzdem möglich, gewisse Konsequenzen zu ziehen: Was unserem Körper u. a. nicht gut tut, das sind Einzelstoffe (Monosubstanzen), was fast alle Medikamente sind. Wenn wir beispielsweise künstliches Vitamin C (Askorbinsäure) in Tablettenform zu uns nehmen, so ist das schädlich für unseren Körper, da die Begleitstoffe für die Askorbinsäure, die etwa im Zitronensaft enthalten sind, fehlen. Diese Begleitstoffe helfen, dass die Askorbinsäure ausgewertet wird und wirken kann.

Zusätzlich enthalten die meisten Medikamente eine Fülle von weiteren Chemikalien, die jede für sich wie ein Hammer gegen unsere Gesundheit wirken:
Synthetische Farbstoffe,
Synthetische Aromastoffe,
Synthetische Süßstoffe,
Konservierungsstoffe, um nur einige zu nennen.

Wie das obige Zitat zeigt, ist die Beschäftigung mit Pflanzenkunde für einen Arzt von größter Wichtigkeit, was allerdings im Rahmen eines regulären Medizinstudiums kaum stattfindet. Denn nahezu für jedes menschliche Organ bzw. für nahezu jedes gesundheitliche Problem existieren besondere Pflanzen oder auch Nahrunsmittel, die geeignet sind, bei den betreffenden Problemen zu helfen. Beispielsweise ist Wassermelone ein gutes Heilmittel für die Nieren, Thymian hilft besonders bei Atemwegsproblemen, Spargel (auch als Saft) hilft bei Blasenproblemen.

Unerlässlich für einen Arzt, der vernünftig arbeiten möchte, ist auch die Beschäftigung mit verschiedenen Nahrungsergänzungsmitteln: Ungesüßte flüssige Bierhefe ist die beste Quelle für den gesamten Vitamin-B-Komplex, Sauerkrautsaft ist die beste Quelle für Calcium und Magnesium (womit sogar Epilepsie günstig beeinflusst werden kann), Topinamburpulver ist ein gutes Mittel gegen Diabetes,

Die Acidophilus- und Bifidusbakterien, ohne die unser Darm nicht funktionieren kann, sollten ebenfalls zugeführt werden.

Weiterhin wichtig für einen Arzt sind Kenntnisse und auch Eigenerfahrungen über Wirkungsweise und Intensität der verschiedenen Bäder, die teilweise schon erwähnt wurden:

Verschiedene Moorbäder, auch Schlickbäder (besonders wichtig u. a. für die Gelenke),

Verschiedene Heilerdebäder (wichtig für die Haut und für die Versorgung des Körpers mit Spurenelementen),

Bäder mit dem Salz des Toten Meers sind ebenfalls wichtig für die Haut.

Bäder mit verschiedenen Kräutern: Boretsch und Baldrian sind besonders wichtig für die Ausscheidung von Schlacken und Giften,

Salbei hilft dem Lymphsysthem,

Weißdorn hilft dem Herzrhythmus usw.

Es wäre für angehende Ärzte gut, diese oben aufgeführten Voraussetzungen für gutes ärztliches Arbeiten zu lernen. In der Schulmedizin wird manch Unnötiges und Fragwürdiges gelernt und gelehrt, so dass man auch hier mit Goethe sagen kann:

"Mußt` ich nicht mit der Welt verkehren?
Das Leere lernen, Leeres lehren.
Sprach` ich vernünftig wie sich`s angehört
Erklang der Widerspruch gedoppelt laut"

FAUST II, 1. AKT, FINSTERE GALERIE

Die letzten zwei Zeilen dieses Zitats zeigen auch, dass wir mit Logik (besonders im medizinisch-biologischen Bereich) oft nicht weiter kommen, weil wir in diesem Bereich bei weitem nicht alle Tatsachen kennen. Beispielsweise ist für uns unmöglich, die Gesamtheit von Stoffen und deren Wechselwirkungen zu kennen, die eine Ananas enthält.

Wenn wir aber Apetit auf Ananas haben, ist das ein Zeichen für uns, dass unser Körper Ananas braucht. – Das Warum dazu ist kaum zu beantworten, denn es können vielleicht 100 verschiedene Ursachen möglich sein, weshalb unser Körper gerade jetzt Ananas braucht.

Das eigene Bemühen ist immer entscheidend

"Wer immer strebend sich bemüht
Den können wir erlösen;"

FAUST II, 5. AKT, BERGSCHLUCHTEN, WALD, FELS, EINÖDE

Dieser Grundsatz über das eigene Bemühen gilt für alle Lebensbereiche. Beethoven oder Goethe oder Schiller beispielsweise haben sich (etwa im Laufe von Jahrtausenden) darum bemüht, sich ihre Talente zu erarbeiten.

Und dieser Grundsatz gilt auch ganz besonders im Bereich der eigenen Gesundheit. Für die eigene Gesundheit ist immer der Betreffende selbst zuerst zuständig. Er verursacht im Grunde seine Gesundheit oder seine Krankheit. Deswegen ist es sehr nützlich, wenn man sich fragt: "Was habe ich getan, dass mir dieses gesundheitliche Problem passiert ist und was kann ich dagegen tun?" Und dann sollte auch das, was als Gegenmaßnahme erkannt wurde, umgesetzt werden. An den kleinen, auf diesem Weg erzielten Erfolgen erkennt man auch, dass man sich auf dem richtigen Weg befindet.

Den Arzt, den Heilpraktiker oder den Gesundheitsberater sollte man gegebenenfalls als Berater hinzuziehen. Die Entscheidung aber, ob man einer bestimmten Beratung folgen sollte oder nicht, liegt immer bei dem Patienten selbst. Man würde vielleicht einwenden: "Aber wie kann ich entscheiden, ich bin doch kein Arzt?"

Auch wenn man kein Arzt ist, sind solche Entscheidungen im Grunde zu bewältigen – ein Beispiel:

Angenommen der Arzt rät zu einer Schilddrüsenoperation. Wenn man dabei ungute Gefühle bekommt, so wäre diese Schilddrüsenoperation nicht zu empfehlen. Das heißt, dass die eigenen Gefühle uns die entscheidenden Hinweise geben, ob wir einer Beratung folgen sollen oder nicht.

GOETHE, SEIN FAUST UND DIE STAATSPOLITISCHEN (EINSCHLIEßLICH JURISTISCHER) MIßSTÄNDE HEUTE

Vorbemerkung

Anfang 2013 hat der Autor eine Dokumentation über Italien im Fernsehen erlebt, wo ein italienischer Politiker u. a. ausführte: "Wollen wir unsere Probleme lösen, so müssen wir von der SÜNDIGE-UND-BEICHTE-MENTALITÄT wegkommen."

Und in gewisser Hinsicht kann *man hier analog sagen:*

Will Deutschland seine politischen Probleme lösen, insbesondere die staatspolitischen Mißstände beseitigen, so muss es als Erstes von der DU-DARFST-DAS-NICHT-TUN-MENTALITÄT *wegkommen. Mit anderen Worten: Man sollte sich von der "POLITISCHEN KORREKTHEIT" verabschieden.*

Zwar ist das DU-DARFST-DAS-NICHT-TUN im obigen Sinne offiziell nicht verboten. Doch Thilo Sarrazin beispielsweise hätte nach diesen (Schein-)Prinzipien seine Bücher einfach nicht schreiben dürfen. Und weil er es getan hat, wurde er von allen Seiten angefeindet. Die großen Auflagen seiner Bücher beweisen aber, dass er genau das getroffen hat, was die meisten Politiker fürchten: Die Wahrheit. Und weil sie systematisch versuchten und versuchen, die Wahrheit dem Bürger vorzuenthalten, waren sie so betroffen.

Etwas Ähnliches ist dem CDU-Politiker Roland Koch nach seiner (wahren) Aussage "Wir haben hier viel zu viele kriminelle Ausländer" *wiederfahren. Ganz nach dem Motto:*

"Und selbst wenn es wahr ist, so in dieser Form hätte er es gar nicht sagen dürfen." *Herr Koch war also auch* "politisch inkorrekt" *und erntete dafür eine regelrechte Anfeindungskampagne auch seitens der CDU. Und das bloß deswegen, weil er die Wahrheit gesagt hat. Das bewusste Verbreiten von Unwahrheiten oder halben Wahrheiten durch die Medien funktioniert nach einem ganz einfachen Prinzip:*

Wenn fast alle Deutungseliten immer wieder etwas behaupten, kann es sein, dass die meisten Leser und

Fernsehzuschauer, die sich mit dem Thema nur oberflächlich beschäftigt haben oder daran nicht interessiert sind, diese Behauptung für bare Münze nehmen. Wenn alle dasselbe behaupten, wird es schon irgendwie stimmen – so könnten sie unterschwellig denken.

Doch bei Goethe heißt es nicht zufällig:
"Wer Recht behalten will und hat nur ein Zunge
Behälts gewiss."

FAUST I, STRASSE

Das heißt, wer nicht müde wird, etwas immer und immer wieder zu behaupten, der kommt in etlichen Fällen sogar gut an.

Eine weitere Ursache für die staatspolitischen Mißstände von heute ist eine gewisse Scheu, Sachverhalte zu bewerten, die Hand in Hand mit der folgenden, bereits besprochenen These geht:

"Im Deutschen lügt man, wenn man höflich ist".

Der tagtägliche Missbrauch der Pressefreiheit

"Nach Pressfreiheit schreit niemand, als wer sie mißbrauchen will"

GOETHE, MAXIMEN UND REFLEXIONEN, NR. 972

Während man zur Goethe-Zeit die Pressezensur als das Hauptproblem ansah, begegnet uns heute der tagtägliche Missbrauch der Pressefreiheit auf Schritt und Tritt.

Denn jede etwas prominentere Person kann durch die Presse innerhalb kürzester Frist, ob mit Verleum-

dungen oder verdrehten Tatsachen, ziemlich in den Schmutz gezogen werden.

Beispielsweise wurde Franz Josef Strauß, der ein überzeugter Gegner des Nationalsozialismus war, auf dreisteste Art und Wiese und immer wieder als dessen Verfechter dargestellt.

Im Buch von Thilo Sarrazin “Der neue Tugendterror” wird auf den Seiten 11 und 12 genau geschildert, wie Wahrheit verdreht wird, um daraus eine glatte Falschmeldung zu machen:

Spiegel-Redakteur Maximilian Popp stellt im Interview die Frage: “Trifft es Sie, wenn Politiker wie Thilo Sarrazin behaupten, Migranten seien faul und hätten ohnehin kein Interesse, dieses Land mitzugestallten?”

Da Sarrazin diese Aussage weder von sich gegeben, noch geschrieben hat, bittet er diesen Spiegel-Redakteur um Richtigstellung. Und er antwortet: “Sie stellen fest, diese Aussage sei von Ihnen nie getroffen worden. Das allerdings behaupte ich in dem Artikel auch nicht. Vielmehr werden einige ihrer Äußerungen in der Vergangenheit “pointiert” zusammenfasst.” “Pointiert” *bedeutet also, die ursprunglichen Aussagen vom Sarrazin werden (absichtlich) soweit verdreht, dass sie nicht mehr der Wahrheit entsprechen.*

Das ist ein sehr gutes Beispiel für Missbrauch der Pressefreiheit, wogegen in der “demokratischen” *Welt der* “politischen Korrektheit” *kaum etwas auszurichten ist.*

Thilo Sarrazin führt u. a. weiter auf S. 12 seines o. g. Buches aus:

“In wachsendem Maße wird die freie Betrachtung der menschlichen Gesellschaft in vorgefasste Raster gepresst. Der Wahrheitsbegriff wird so lange relativiert, bis seine Konturen verschwinden.

Wenn sich die Wirklichkeit dem eigenen Denkmuster nicht fügen will, werden auch in seriösen Zeitungen notfalls die Gesetze der Statistik auf den Kopf gestellt. Im Dienste einer höheren "moralischen" Wahrheit ist dann auch der "freie Umgang" mit Fakten durch Auslassen, Entstellen und notfalls freihändiges Ignorieren von Tatsachen zulässig."

Solche Behauptungen und Wahrheitsverdrehungen zeigen, in welchem Zustand sich die Berichterstattung in Deutschland derzeit befindet.

Auch die Privatsphäre wird oft mit Füßen getreten, ohne dass der Betreffende eine nennenswerte Möglichkeit zu Gegenwehr hätte.

Der Autor ist keinesfalls für Einführung einer Pressezensur. Doch jeder Betroffene sollte ein unumschränktes Recht zur Gegendarstellung haben – wenn er will gleich am nächsten Tag, an gleicher Stelle und im gleichen Umfang.

Sollte ein solches Gesetz kommen, so werden alle die Pressefreiheit missbrauchenden Medien ein lautes Geschrei erheben, dass dieses Gesetz die Pressefreiheit einschränke.

Dieser Missbrauch der Pressefreiheit ist auch eine der weiteren Säulen, worauf die staatspolitischen Mißstände von heute in Deutschland ruhen.

Goethe führt nicht zufällig noch aus:
"Und, was das allerschlimmste bleibt,
Gar mancher kommt vom Lesen der Journale."

FAUST I, VORSPIEL AUF DEM THEATER

Das bedeutet, dass man durch das "Lesen der Journale" fast immer falsch und irreführend informiert wird.

Hinzu kommt ein Auftischen von vielen unbedeutenden Einzelheiten, so dass man das "Fünkchen Wahrheit" buchstäblich wie eine Nadel in einem Heuhaufen suchen muss.

Die Verunstaltung der deutschen Sprache mit amerikanischen Fremdwörtern

Mephistopheles.
....
"Im Ganzen – haltet euch an Worte!
Dann geht ihr durch die sichere Pforte
Zum Tempel der Gewißheit ein."

Schüler.
"Doch ein Begriff muß bei dem Worte seyn."

Mephistopheles.
"Schon gut! Nur muß man sich nicht allzu ängstlich quälen;
Denn eben wo Begriffe fehlen,
Da stellt ein Wort zur rechten Zeit sich ein.
Mit Worten läßt sich trefflich streiten,
Mit Worten ein System bereiten,
An Worte läßt sich trefflich glauben,
Von einem Wort läßt sich kein Jota rauben."

FAUST I, STUDIERZIMMER

In der Tat, dort "wo Begriffe fehlen" *(und sogar auch wenn sie nicht fehlen, also völlig unnötig) stellt sich manch* "ein Wort zur rechten Zeit" *ein. Es gibt kaum eine europäische Sprache, welche mit amerikanischen Fremdwörter mehr verunstaltet ist als die deutsche:*

OKAY – macht eine Bestätigung nicht besser

FEEDBACK – macht eine Rückmeldung nicht besser

FASTFOOD – macht ein Essen zwischen Tür und Angel nicht besser

SORRY – macht ein Bedauern nicht besser

DISCJOCKEY – macht einen Schallplattenunterhalter nicht besser

SHOPPINGCENTER – macht ein Einkaufzentrum nicht besser

HANDY – macht ein Mobiltelefon nicht besser

LIFE-Übertragung macht eine Direkt-Übertragung nicht *besser*

Warum gebraucht man eigentlich diese nicht ins Deutsche passenden Wörter?

Man will offensichtlich einen bestimmten Eindruck erwecken, als ob etwas besser wäre, als es in Wiklichkeit ist.

Wenn man COOL *oder* SORRY *sagt, will man vielleicht den Eindruck vermitteln, dass man gebildet ist.*

Allgemein haben die Verunstaltung der eigenen Sprache mit amerikanischen Fremdwörtern und die Nachahmung der amerikanischen Lebensweise Ausmaße angenommen, die einer Selbstverleugnung gleichen. Wer unüberlegt amerikanische Fremdwörter gebraucht, ist nicht modern, sondern zeugt von schlechtem Sprachgefühl und Mangel an Rückgrat im übertragenen Sinne.

Man will also nicht wahrhaben, dass Deutsch, was die Sprachpräzision anbetrifft, dem amerikanischen Englisch überlegen ist. Beispielsweise bezeichnet

SOFTWARE(= weiche Ware) das Programmpacket eines Rechners, und da man die eigene Sprache auf diese Weise verunstaltet, verleugnet man sich in gewisser Hinsicht selbst.

Da das amerikanische Englisch unpräzise und die USA keine Kulturnation sind, ist diese Sprache als internationale Sprache ungeeignet.

Deutsch oder Italienisch wären die besseren Alternativen, da Deutschland und Italien bezogen auf unsere Breiten die Kulturnationen ersten Ranges sind. Aber auch Russisch wäre als internationale Sprache geeigneter als das amerikanische Englisch, da Russland auch eine Kulturnation ist. (Die USA sind in kultureller Hinsicht nicht einmal ein Zwerg im Vergleich zu Russland.)

Eine Kulturnation hat auch eine echte Vorbildfunktion für die anderen Nationen und das wird besonders unterstrichen, wenn ihre Sprache auch eine internationale Sprache ist.

Ein kleines Beispiel für die kulturelle Überlegenheit der obigen Nationen gegenüber den USA ist, dass dort Opern, in den USA "Musicals" entstanden sind. Der kulturelle Wert der Opern ist weit höher als der der "Musicals", was keiner weiteren Erläuterung bedarf.

Da die USA in vielen Lebensbereichen ein negatives Beispiel darstellen, ist das ein weiterer Grund, warum man keine amerikanischen Fremdwörter in der eigenen Sprache gebrauchen und das amerikanische Englisch als internationale Sprache vermeiden sollte.

Da man dies durch Beispiele am besten verdeutlichen kann, so seien einige negative amerikanische Beispiele angeführt:

Das transatlantische Handelsabkommen, bei dem die USA rücksichtlos ihre minderwertigen Umweltstandards mit entsprechenden Produkten durchzusetzen versuchen.

Die Schiefergasförderung ("Fracking"), *bei der giftige und giftigste Chemikalien in die Böden gepresst werden und dadurch die Böden ganzer Gegenden verseucht werden.*

Die "faulen" *Wertpapiere und andere Angebote aus dem amerikanischen Finanzsektor.*

Profitgier ohne Ethik

In welchem Zustand sich die USA als Staat befinden, kann man auch daran erkennen, dass dort jedes fünfte Kind ab fünf Jahren Psychopharmaka nimmt!! (3SAT-Sendung, 22.10.2015)

Nietzsche (1844-1900) hat schon damals die negativen Folgen erkannt, die durch die Nachahmung der amerikanischen Lebensweise entstehen (siehe Text "Musse und Müssiggang" im Anhang).

Um das Gesetz der Objektivität nicht zu verletzen, sei noch angemerkt, dass andererseits auch positive amerikanische Beispiele existieren. U. a. hat der Autor mit amerikanischen Lehrbüchern für Studenten in verschiedenen Fächern gute Erfahrungen gemacht. Die Laptops von Apple sind die umweltfreundlichsten und die gesündesten, da sie keine Entlüftungsprobleme haben. Weitere positive Beispiele, die aus Amerika kommen, werden in diesem Buch später aufgeführt.

In diesem Zusammenhang sei noch angeführt, dass man, wenn man sich mit Englisch beschäftigen möchte, das kultiviertere Englisch wie das Shakespeare-

sche Englisch oder das "Professor Higginssche-Englisch" (Film My fair Lady) wählen sollte.

Shakespeare ist übrigens der einzige Dichter aus der neueren Zeit, der sich mit Goethe oder Schiller messen kann.

Einige Kernaussagen über die juristischen Mißstände von heute

Mephistopheles.
"Doch wählt mir eine Facultät!"

Schüler.
"Zur Rechtsgelehrsamkeit kann ich mich nicht bequemen."

Mephistopheles.
"Ich kann es euch so sehr nicht übel nehmen,
Ich weiß wie es um diese Lehre steht.
Es erben sich Gesetz und Rechte
Wie eine ewge Krankheit fort,
Sie schleppen von Geschlecht sich zum Geschlechte,
Und rücken sacht von Ort zu Ort.
Vernunft wird Unsinn, Wohlthat Plage;
Weh dir, dass du ein Enkel bist!
Vom Rechte, das mit uns gebohren ist,
Von dem ist leider! Nie die Frage.

FAUST I, STUDIERZIMMER

Die Mißstände im juristischen Bereich stellen eine weitere Grundsäule dar, worauf die staatspolitischen Mißstände heute in Deutschland ruhen.

In Deutschland soll es nur ca 10.000 Gesetze und 20.000 EU-Verordnungen geben.

Dem deutschen Baugesetzbuch, das etwa bescheidene 1.000 Seiten umfasst, ist auch zu verdanken, dass Wohnungen und Häuser bei vergleichbaren Löhnen in Deutschland doppelt so teuer wie in Holland sind.

Was heißt das "Es erben sich Gesetz und Rechte
Wie eine ewge Krankheit fort" ?

Dazu ein kleines Beispiel:

34. Verordnung über die Anrechnung auf die Ausbildungszeit in Ausbildungsberufen der gewerblichen Wirtschaft

Vom 17. Juli 1978 (BGBL. I. S. 1061)

Geändert durch VO vom 10.3.1988 (BGBL. I. S. 229)

Auf Grund des § 29 Abs. 1 des Berufsbildungsgesetzes vom 14. August 1969 (BGBL. I. S 1112), der durch Artikel 53 Nr. 2 des Gesetzes vom 18. März 1975 (BGBL. I. S. 705) geändert worden ist, und des § 27a Abs. 1 der Handwerksordnung in der Fassung der Bekanntmachung vom 28. Dezember 1965 (BGBL.1966 I S. 1), der durch das Gesetz vom 14. August 1969 eingefügt und durch Artikel 24 Nr. 1 des Gesetzes vom 18. März 1975 (BGBL. I. S 705) geändert worden ist, und unter Berücksichtigung des § 28 des Ausbildungsplatzförderungsgesetzes vom 7. September 1976 (BGBL. I. S. 2658) wird im Einvernehmen mit dem Bundesminister für Bildung und Wissenschaft mit Zustimmung des Bundesrates verordnet:...

Wer aus diesem Text schlau werden kann, der möge sich glücklich preisen.

Es gibt in Deutschland Tausende Gesetze, von denen viele unnötig bzw. überflüssig sind.

Was heißt das: "Vernunft wird Unsinn"?

Ein gutes Beispiel ist vielleicht das Asylgesetz, wo es u. a. heißt "Politisch Verfolgte genießen Asyl". Eine elementare Überlegung des gesunden Menschenverstandes bzw. der Vernunft ist, dass das kleine Deutschland unmöglich die politisch Verfolgten aus der ganzen Welt aufnehmen könnte, so dass der Satz in dieser Form unsinnig ist. Er müsste also durch den Satz "Politisch Verfolgten kann (muss aber nicht) Asyl gewährt werden" ersetzt werden.

Wir haben alle von der Schöpfung her ein Anrecht auf saubere Luft. Also eine Luft ohne Auto- und Industrieabgase oder sonstige Chemikalien. Das bedeuten die Zeilen:

"Vom Rechte, das mit uns gebohren ist,
Von dem ist leider! nie die Frage."

Praktisch bedeutet das, dass die Luft z. B. in Düsseldorf genauso sauber sein sollte, wie auf einem Gipfel der Alpen. Zwar ist auch die Luft auf den Gipfeln der Alpen dank der globalen Umweltverschmutzung nicht 100 % sauber. Sie ist aber vielleicht um 90 % sauberer als in Düsseldorf und darauf haben auch diese Bewohner ein Anrecht.

Was ist Wahrheit im juristischen Sinne??

"Wahrheit ist, was Richter glauben", "schreibt die renomierte Gerichtsbeobachterin Gisela Friedrichsen im Spiegel (23. 6. 2014). Und was Richter einmal glauben, das wird als hohes Glaubensgut auch von anderen Richtern übernommen. So kann die Lüge, einmal ins System gerutscht, sich unbemerkt durch die Instanzen schleichen.

Die Mißstände im juristische Bereich sind, wie man am obigen Beispiel sieht, nicht allein bei den Richtern und Staatsanwälten zu suchen, sondern auch in den Formulierungen der Gesetzestexte.

“Und: S c h u l d i g ! hörst du ausgesprochen
Wo Unschuld nur sich selber schützt.”

Faust II, 1. Akt, Saal des Throns

Die obigen Worte Goethes passen zu allen, die zu Unrecht verurteilt wurden, und derer sind es nicht wenige.

“Zuletzt ein wohlgesinnter Mann
Neigt sich dem Schmeichler, dem Bestecher;
Ein Richter, der nicht strafen kann,
Gesellt sich endlich zum Verbrecher;”

FAUST II, 1. AKT, SAAL DES THRONS

Ein gutes Beispiel für einen “wohlgesinnten Mann”, der sich “dem Schmeichler, dem Bestecher neigt”, sind die gekauften Journalisten, exzellent beschrieben im Buch “Gekaufte Journalisten” von Udo Ulfkotte (u. a. Seite 188).

Es ist symbolisch gemeint, dass ein Richter, der nicht strafen kann, sich zum Verbrecher gesellt (nicht etwa, dass er mit dem Verbrecher zusammen “Bier trinkt”).

Es ist nichts dagegen einzuwenden, dass ein Richter unabhängig und nur dem Gesetz unterworfen sein sollte. Doch bei einem Fehlurteil, etwa auf Grund eines falschen Gutachtens, war er nicht dem Gesetz unterworfen. Und trotz eines falschen Gutachtens trägt für ein Fehlurteil der Richter die Hauptschuld.

Selbstverständlich gibt es auch viele gewissenhafte Richter und Staatsanwälte.

Der interessierte Leser möge das Buch von Norbert Blüm konsultieren, besonders Teil I (Nachrichten aus dem Innenleben des Rechtsstaats), wo eine kleine Übersicht der juristische Mißstände heute in Deutschland gegeben ist.

Der Autor hält es für lohnenswert, einen möglichen Weg aufzuzeigen, wie die juristischen Mißstände, mit welchen sich schon Goethe eingehend beschäftigt hat, nach und nach überwunden werden könnten. Mit anderen Worten: Die ersten Schritte zu beschreiben, wie Deutschland wieder ein Rechtsstaat werden könnte:

Auf gerichtlichen Beschluss darf niemand mehr gegen seinen Willen in die Psychiatrie eingewiesen werden.

Wenn überhaupt künftig Gutachten, so müssen die Richter das, was im Gutachten steht, durch eigene ausführliche Kommunikation mit dem Begutachteten bestätigen oder auch widerlegen. Entsprechende schriftliche Aufzeichnungen sind ihrerseits anzufertigen. Gutachter, die falsche oder schlampige Gutachten (solange es Gutachten noch gibt) erstellen, werden dafür zur Verantwortung gezogen.

Jedes Fehlurteil muss von entsprechenden Richtern und Staatsanwälten schriftlich analysiert, und es muss beleuchtet werden, wie es dazu kam. Das Justizministerium hat diesen Vorgang zu überwachen und Konsequenzen daraus zu ziehen.

Das Gerechtigkeitsprinzip und der gesunde Menschenverstand müssen sowohl in der Gesetzgebung wie in der Rechtsprechung eine zentrale Rolle spielen. – Es ist ein unerträglicher Zustand, wenn ein Richter erklärt (wie in München geschehen): "Für Gerechtigkeit sind wir gar nicht zuständig".

Das heißt, nicht eine gute Examensnote, sondern ein Gerechtigkeitsgespür und Praxiserfahrung, etwa eine zehnjährige Tätigkeit als Anwalt, sollten für ein Richteramt ausschlaggebend sein.

Der Kaiser damals und die Politiker heute wollen sich um die Belange der Bürger nicht kümmern

Kaiser.
"Und also ihr Getreuen, Lieben,
Willkommen aus der Näh und Ferne;
Ihr sammelt euch mit günstigem Sterne;
Da droben ist uns Glück und Heil geschrieben.

Doch sagt warum in diesen Tagen,
Wo wir der Sorgen uns entschlagen,
Schönbärte mummenschänzlich tragen
Und Heitres nur genießen wollten,
Warum wir uns rahtschlagend quälen sollten?
Doch weil ihr meint es ging nicht anders an,
Geschehen ists so seys getan.
.....
So sey die Zeit in Fröhlichkeit vertan!
Und ganz erwünscht kommt Aschermittwoch an.
Indessen feiern wir auf jeden Fall,
Nur lustiger das wilde Carneval."

FAUST II, 1.AKT, KAISERLICHE PFALZ

Der Kaiser will sich also nicht um die anstehenden staatspolitischen Aufgaben kümmern. Und das sind Probleme, wie wir weiter unten sehen werden, die buchstäblich unter den Nägeln brennen. Stattdessen geruht der Kaiser, eine Art Karneval zu feiern ("Schönbärte mummenschänzlich tragen" – *Tragen bärtiger Masken), anstatt sich* "rathschlagend" *zu* "quälen".

Und das ist auch eine gute Analogie zu den Verhältnissen von heute.

Über weitere staatspolitische Mißstände, um die sich der Kaiser von damals und die Politiker von heute nicht kümmern wollen, wurde und wird noch berichtet.

Das Gerechtigkeitsprinzip

"Die höchste Tugend, wie ein Heiligen-Schein,
Umgibt des Kaisers Haupt, nur er allein
Vermag sie gültig auszuüben:
Gerechtigkeit! – was alle Menschen lieben,
Was alle fordern, wünschen, schwer entbehren,
Es liegt an ihm dem Volk es zu gewähren."

FAUST II, 1. AKT, KAISERLICHE PFALZ

Die Gerechtigkeit sollte das höchste Gut im Staate sein, doch damals wie heute sind wir von diesem Prinzip noch meilenweit entfernt. Sie ist eine Selbstverständlichkeit und eine Grundvoraussetzung, damit ein Staat gut funktioniert und umgekehrt ist – damals wie heute – die Ungerechtigkeit eine weitere Grundsäule, auf welcher die staatspolitischen Mißstände ruhen.

"Auch auf Parteyen, wie sie heißen,
Ist heut zu Tage kein Verlaß;
Sie mögen schelten oder preisen,
Gleichgültig wurden Lieb und Haß.

FAUST II, 1. AKT, KAISERLICHE PFALZ

Goethe hat schon vor 200 Jahren erkannt, was auch heute noch ein Defizit ist.

Es stellt sich die Frage, ob man sich auf die etablierten Parteien heute in Deutschland verlassen kann und ob sie im Stande sind, die anstehenden politischen Probleme vernünftig zu lösen:

Man sollte sich grundsätzlich für den Wahrheitsgehalt von Aussagen interessieren – unabhängig davon, ob sie von rechts, von links oder von der Mitte kommen. Das heißt, wenn beispielsweise die "Linke" *etwas sagt und es stimmt, muss man es nicht deswegen ablehnen, weil es von links kommt. Und genauso verhält es sich mit allen Aussagen.*

Eine ganz besondere Kernaussage über die staatspolitischen Mißstände von heute

"Doch ach! Was hilft dem Menschengeist Verstand,
Dem Herzen Güte, Willigkeit der Hand,
Wenns fieberhaft durchaus im Staate wüthet,
Und Uebel sich in Uebeln überbrütet.
Wer schaut hinab von diesem hohen Raum
Ins weite Reich, ihm scheints ein schwerer Traum,
Wo Mißgestalt in Mißgestalten schaltet,
Das Ungesetz gesetzlich überwaltet,
Und eine Welt des Irrtums sich entfaltet."

FAUST II, 1. AKT, SAAL DES THRONS

Ob diese Worte Goethes von vor über 200 Jahren auf die politischen Verhältnisse in Deutschland von heute zutreffen, sei dahingestellt.

Die Aussage "Und eine Welt des Irrtums sich entfaltet" *von oben geht Hand in Hand mit einem weiteren Zitat:*

"So will sich alle Welt zerstückeln,
Vernichtigen was sich gebührt,
Wie soll sich da der Sinn entwickeln
Der einzig uns zum Rechten führt?"

FAUST II, 1.AKT, SAAL DES THRONS

Wenn man andauernd mit entstellter, degenerierter Kunst (die keine ist) konfrontiert wird, ist es nicht leicht, die echte Kunst zu erkennen und festzustellen, dass, die Kunst Dienerin des Wahren, des Guten und des Schönen sein sollte.

Genauso verhält es sich, wenn man klassische Schauspiele, auch Goethes Faust, in degenerierten Inszenierungen dargeboten bekommt. Der Nachdenk-

liche allerdings wird gerade durch diese Extreme für wahre Kunst sensibilisiert.

Auch Opern sind von dieser Entwicklung längst erfasst. Sogar die Bayreuther Festspiele bieten so gut wie immer entstellte Inszenierungen an. Was würde Richard Wagner sagen, wenn er heute eine seiner Opern in Bayreuth sehen würde?

Den meisten Bürgern gefallen weder die degenerierte Kunst noch die entstellten Inszenierungen, doch sie entschuldigen diesen Missstand oft mit Bemerkungen wie "das ist eben moderne Kunst" oder "das sind moderne Inszenierungen".

In den meisten Schulen wird die eigene Kultur und die eigene Geschichte sehr unzureichend berücksichtigt.

Wenn man sich in einer Umgebung befindet, in der die eigene Sprache andauernd mit amerikanischen Fremdwörtern verunstaltet wird, ist es nicht leicht, ein Gefühl für eine gute Wortwahl zu entwickeln, allerdings auch nicht unmöglich.

Auch hierzu passen die schon erwähnten Worte Goethes:

"O glücklich der noch hofen kann
Aus diesem Meer des Irrtums aufzutauchen"

FAUST I, VOR DEM THOR

"Verbiete wer was Alle wollten,
Der hat ins Wespennest gestört;"

FAUST II, 1. AKT, SAAL DES THRONS

Man versuche, zu verbieten mit mehr als 120 Stundenkilometern auf Autobahnen zu fahren – es wäre sowohl im Interesse der Sicherheit wie der Umwelt.

Oder man versuche, die "Computerspiele" zu verbieten, die u. a. zur Brutalität und Gewalt anstiften.

Oder man versuche, die amerikanische Diskothekenmusik zu verbieten, die destruierend auf Gehirn, Nervensystem und Gehör wirkt. Nach Aussage eines Amerikaners bei einem Vortrag verliert man die Fähigkeit, schnell und leicht zu lernen, wenn man sie eine Zeitlang gehört hat.

U. a. geht das ADHS (Aufmerksamkeitsdefizitssyndrom) zu einem nicht unerheblichen Teil auf ihr Konto.

Eine Übersicht über die wichtigsten staatspolitischen Mißstände in den Bereichen Innere Sicherheit, Arbeitsmarkt-, Sozial- und Rentenpolitik, Energiepolitik, Gesundheitspolitik, Bildungspolitik, Agrarpoltik und Außenpolitik würde hier zu weit führen. Im Folgenden soll im Sinne Goethes eine Perspektive für die Kulturpolitik angedeutet und schließlich noch ein Blick auf die Finanzpolitik geworfen werden.

Kulturpolitik: Es ist von größter Wichtigkeit, dass die heutigen Maßstäbe für Kunst überprüft werden.

Das Gleiche gilt für die modernen Theater- und Operninszenierungen, die sich von den ursprünglichen Regieanweisungen zu weit entfernt haben.

Die Kunst hat nach Goethe, wie schon erwähnt, eine Dienerin des Wahren, des Guten und des Schönen zu sein:

"Indessen schritt sein Geist gewaltig fort ins Ewige
des Wahren, Guten, Schönen
Und hinter ihm in wesenlosem Scheine lag,
was uns alle bändigt das Gemeine."

EPILOG ZU SCHILLERS GLOCKE

Alles, was von diesem Grundsatz abweicht, ist keine Kunst und ist entsprechend zu behandeln.

Öffentliche Finanzen:

"Welch Unheil muss auch ich erfahren;
Wir wollen alle Tage sparen
und brauchen alle Tage mehr"

FAUST II, 1.AKT, SAAL DES THRONS

Die öffentlichen Schulden (Bund, Länder, Gemeinden) belaufen sich derzeit auf einen astronomischen Betrag.

Der Autor zweifelt nicht, dass nach diesem kleinen Überblick über die staatspolitischen Mißstände hierzulande jeder Leser die schon erwähnten Worte Goethes:

"Wenns fieberhaft durchaus im Staate wüthet,
Und Uebel sich in Uebeln überbrütet."
gut nachempfinden kann.

Alles und jedes will verdient sein

"Wie sich Verdienst und Glück verketten,
Das fällt den Thoren niemals ein"

FAUST II, 1. AKT, SAAL DES THRONS

Alles und jedes will verdient werden. Am Leichtesten ist diese Wahrheit vielleicht zu verstehen, wenn man sich vergegenwärtigt, dass es keine Zufälle gibt, was u. a. auch schon Schopenhauer wusste. Um das selbst zu erleben, sollte man sich nach einem guten Tag fragen: "Wieso habe ich das verdient?" Und mit der Zeit wird man die Antwort ergründen.

Im Jahr 1871 haben die Deutschen Otto von Bismarck als Reichskanzler "verdient", der durch seine politische Leistung, vor allem die Reichsgründung, ein Segen für das Land war. Auf ihn sind u. a. die jetzigen Sozialversicherungsgesetze zurückzuführen.

Schuldig ohne Schuld?

Vier graue Weiber treten auf
Erste.
"Ich heiße der Mangel."

Zweite.
"Ich heiße die Schuld."

Dritte.
"Ich heiße die Sorge."

Vierte.
"Ich heiße die Noth."

Zu Drey.
"Die Thür ist verschlossen wir können nicht ein,
Drin wohnet ein Reicher wir mögen nicht nein."

Mangel.
"Da wird ich zu Schatten."

Schuld. "Da wird ich zu nicht."

Noth.
"Man wendet von mir das verwöhnte Gesicht."
Sorge.
"Ihr Schwestern ihr könnt nicht und dürft nicht hinein.
Die Sorge sie schleicht sich durchs Schlüsselloch ein."

FAUST II, 5.AKT, MITTERNACHT

Der Mangel, die Not, die Schuld und die Sorge sind oft unsere ständigen irdischen Begleiter. Ein Einziger davon bedingt schon die Übrigen.
Die Tatsache, dass sich die Sorge "durchs Schlüsselloch" *schleichen kann, zeigt, dass sie von uns am Leichtesten Besitz ergreifen kann.* Über die negativen *gesundheitlichen Aspekte des Sich-Sorgen-Machens wurde bereits berichtet.*

EPILOG

GOETHES LEBENSREGEL

"Willst du dir ein hübsch Leben zimmern,
Mußt dich ums Vergangne nicht bekümmern;
Das Wenigste muß dich verdrießen;
Mußt stets die Gegenwart genießen,
Besonders keinen Menschen hassen
Und die Zukunft Gott überlassen."

Gedicht von JOHANN WOLFGANG VON GOETHE

Man sollte sich durch Ereignisse der Vergangenheit nicht zu lange belasten. Statt dessen sollte man sich sagen "Ich will mein Bestes tun, um den Fehler von damals nicht zu wiederholen". Denn sich andauernd irgendwelche Selbstvorwürfe zu machen, die den Betreffenden bloß belasten, bringt absolut nichts.

Da uns in der Regel das Meiste statt das Wenigste verdrießt, sind wir wiederum daran gehindert, die Gegenwart zu genießen.

Und dieses Genießen der Gegenwart entscheidet letztendlich darüber, ob wir glücklich werden oder unglücklich bleiben. Die Interpretation der letzten Passagen möchte der Autor dem Leser überlassen.

SCHLUSSWORT

Der Autor war bemüht, die Sachverhalte so korrekt und wahrheitsgetreu wie möglich darzustellen. Er war auch bemüht, so gut es ihm möglich war, Klartext zu sprechen. Über Rückmeldungen, was den Lesern gefallen oder auch missfallen hat, würde er sich sehr freuen (Nikolai-xxx@t-online.de).

Der Autor möchte auch nicht, dass sich die Leser seinen Ausführungen einfach anschließen, sondern durch eigene Erfahrungen oder Beobachtungen das Gesagte in diesem Buch zu bestätigen oder auch zu widerlegen versuchen. Denn durch eigene Erfahrungen kann man nach Ansicht des Autors am Besten neue Erkenntnisse gewinnen oder etwas dazulernen. Auch um Goethes Faust oder andere Werke von Goethe zu verstehen, sind die eigenen Erfahrungen unerlässlich.

ANHANG

Friedrich Nietzsche, Die fröhliche Wissenschaft. Viertes Buch. Sanctus Januarius. 329. Musse und Müssiggang (1882)

MUSSE UND MÜSSIGGANG – Es ist eine indianerhafte, dem Indianer-Bluthe eigentümliche Wildheit in der Art, wie die Amerikaner nach Gold trachten: und ihre atemlose Hast der Arbeit – das eigentliche Laster der neuen Welt – beginnt bereits durch Ansteckung das alte Europa wild zu machen und eine ganz wunderliche Geistlosigkeit darüber zu breiten.

Man schämt sich jetzt schon der Ruhe; Das lange Nachsinnen macht beinahe Gewissensbisse. Man denkt mit der Uhr in der Hand, wie man zu Mittag isst, das Auge auf das Börsenblatt gerichtet, – man lebt, wie Einer, der fortwährend Etwas "versäumen könnte". "Lieber irgend Etwas tun als Nichts" – Auch dieser Grundsatz ist eine Schnur, um aller Bildung und allem höheren Geschmack den Garaus zu machen.

Und so wie sichtlich alle Formen an dieser Hast der Arbeitenden zu Grunde gehen: so geht auch das

Gefühl für die Form selber, das Ohr und Auge für die Melodie der Bewegungen zu Grunde. Der Beweis dafür liegt in der jetzt überall geforderten plumpen Deutlichkeit in allen den Lagen, wo der Mensch einmal redlich mit Menschen sein will, im Verkehre mit Freunden, Frauen, Verwandten, Kindern, Lehrern, Schülern, Führern und Fürsten – man hat keine Zeit und keine Kraft mehr für die Ceremonien, für die Verbindlichkeit mit Umwegen, für den Esprit der Unterhaltung und überhaupt für alles Otium.

Denn das Leben auf der Jagd nach Gewinn zwingt fortwährend dazu, seinen Geist bis zur Erschöpfung auszugeben, im beständigen Sich-Verstellen oder Überlisten oder Zuvorkommen: Die eigentliche Tugend ist jetzt, Etwas in weniger Zeit zu tun als ein anderer.

Und so giebt es nur selten Stunden der erlaubten Redlichkeit: in diesen aber ist man müde und möchte man sich nicht nur "gehen lassen", sondern lang und breit und plump sich hinstrecken.

Gemäß diesem Hange schreibt man jetzt seine Briefe; deren Stil und Geist immer das eigentliche "Zeichen der Zeit" sein werden. Giebt es noch ein Vergnügen an Gesellschaft und an Künsten, so ist es ein Vergnügen, wie es müde-gearbeitete Sclaven sich zurecht machen.

Oh über diese Genügsamkeit der "Freude" bei unseren Gebildeten und Ungebildeten!!

Oh über diese zunehmende Verdächtigung aller Freude!!

Die Arbeit bekommt immer mehr alles gute Gewissen auf ihre Seite: der Hang zur Freude nennt sich jetzt "Bedürfniss der Erholung" und fängt an, sich vor sich selbst zu schämen:

"Man ist es seiner Gesundheit schuldig" – so redet man, wenn man auf einer Landpartie ertappt wird.

Ja es könnte bald so weit kommen, dass man einem Hange zur

vita contemplativa (das heißt zum Spazierengehen mit Gedanken und Freunden) nicht ohne Selbstverachtung und schlechtes Gewissen nachgäbe.

LITERATURVERZEICHNIS

A. Primärliteratur

GOETHE, JOHANN WOLFGANG VON: Faust. Eine Tragödie. (dtv Bibliothek der Erstausgaben). München 1997.

MAISAK, PETRA (Hrg.): Johann Wolfgang von Goethe. Zeichnungen. Stuttgart 1996.

NIETZSCHE, FRIEDRICH: Die fröhliche Wissenschaft. (Erstausgabe 1882). Stuttgart 2000.

PETERSEN, ELISABETH (Hrg.): Ich bin Goethe, Johann Wolfgang von Goethe. Seine schönsten Zeichnungen, Auszüge aus Briefen, Tagebüchern und Werk. München 1998.

B. Sekundärliteratur:

BLÜM, NORBERT: Einspruch! Wider die Willkür an deutschen Gerichten. Eine Polemik. München 2014.

BÜLLES, EGBERT: Deutschland Verbrecherland? Berlin 2013.

SARRAZIN, THILO: Deutschland schafft sich ab. München 2011.

SARRAZIN, THILO: Europa braucht den Euro nicht. München 2013.

SARRAZIN, THILO: Der neue Tugendterror. München 2014.

ULFKOTTE, UDO: Gekaufte Journalisten. Rottenburg a.N. 2014.

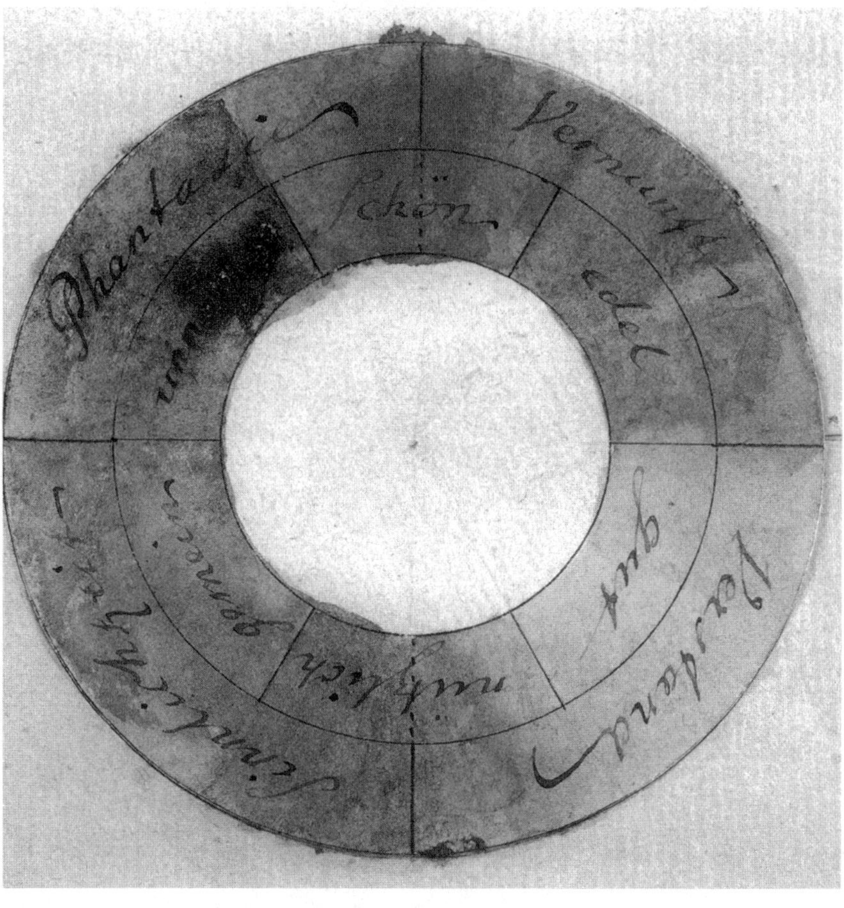

Der Autor:

Der Autor Dr. med. Nikolai Seifert studierte Mathematik und Medizin und ist heute Arzt für Allgemeinmedizin und Naturheilverfahren.

Im Rahmen seines Mathematik-Studiums erkannte er, dass mathematisch-naturwissenschaftliches Denken im medizinisch-biologischen Bereich nicht ausreicht, um zu brauchbaren Ergebnissen für die Menschen zu kommen. So wandte er sich schließlich der Naturheilkunde zu und erforschte die Wirkungsweise der kosmischen Gesetze. Diese beziehen sich auf alle Aspekte unseres täglichen Lebens und finden sich auch in den Werken Goethes und Schillers, besonders in Goethes Faust.

Bei seiner langjährigen Beschäftigung mit Goethe und seinem Faust fand der Autor vieles bestätigt, was er in seinem privaten und beruflichen Umfeld beobachten konnte.

Seine Erkenntnisse und sein Wissen fließen in seine Vorträge ein, die sich sowohl auf naturheilkundliche Themen als auch auf die klassischen Werke Goethes und Schillers beziehen.